モノが売れない時代の「繁盛」のつくり方

新しいマーケットを生み出す
「顧客一体化戦略」

佐藤勝人

同文舘出版

はじめに

この本を手に取ってくれる皆さんはどんな人だろうか。きっとご自身で事業をされているか、地域に根ざした会社や店で働いている人たちだと思う。

私は、これまで皆さんのような人たちとずっと向き合ってきた。

いまからちょうど30年前の1988年、23歳のときに、栃木県で両親が経営していた家業のカメラ店を業態変更して、兄と一緒にカメラ専門チェーンのサトーカメラ株式会社を始めた。90年代後半にはオープン10年足らずで業界売上ベスト10入り。栃木県内のカメラ販売シェア80%を押さえ、一躍脚光を浴びた。

2000年代に入ると、フイルムが一気になくなってデジタルになり、競合相手もカメラ店から家電量販店に変わっていった。当然、サトーカメラの売上も伸び悩み始めた。そこで行き着いたのが、「地域一番化戦略」という常識を超越した経営スタイルだった。現在は、栃木県内のカメラ・レンズ・写真の平均消費額が、他府県平均の3倍以上となり、全国1位を達成させる原動力になったと評価されている。

そして2000年には、JSPL日本販売促進研究所を設立し、二刀流経営コンサルタントとして活動も始めた。北は北海道から南は九州・沖縄まで、日本全国であらゆる業種・業態・規模の経営者に寄り添ってお悩みを解決してきた。

2015年には海外進出を果たし、現地法人「想道美留（上海）有限公司」を設立。グローバル企業と提携して、中国・インド・東南アジア諸国でサトーカメラ方式の経営や文化創造を広めるべく、目下挑戦を続けている最中だ。

そんな私が今回この本を書いたのは、ひとつには、10冊目の著書となるこのタイミングで、経営者として、またコンサルタントとして、最新の生きたノウハウを集大成したいと思ったから。そしてもうひとつは、世の中の経営論やマーケティング理論が、いつのまにか大手にしか通用しないような「戦略」ばかりを説くようになってしまって、あらゆる商売にとって肝心な「戦術」の部分がどんどんおろそかにされているように感じたからだ。

ナショナルチェーンの最大の欠点は分業制にある。すべてが専門領域ごとに縦に分断された結果、「理論を担う人間」と「実践を担う人間」が分離されてしまった。その結果、労働集約型のビジネスである商業の世界で、かけがえのない人生を背負って生きている感情を持った人たちの存在を忘れて、「お客軽視のマーケティング戦略」や「社員切り捨ての経営」など、人間を選び排除するということが正当化されていないだろうか？

確かに、ナショナルチェーンは全国を平均的に豊かにする。そのためには細部の切り捨てや排除が必要なのかもしれない。しかし、その対極にある、私たちローカルチェーンや中小店の役割は全く違う。

あなたの目の前には、10年通ってくださるお客様もいるだろう。そのお客様が年間100万円使ってくれていたとしたら、この10年で1000万円も使っていただいているのだ。それを考えると、お客様の存在は株主以上だと、私は思っている。

そういう大切なお客様と向き合わず、一言文句を言ったらクレーマーだの、嫌いな客は排除だというのは、根本的に間違っているだろう。ローカルチェーンや中小店は、ナショナルチェーンでは満足できない多くのお客様を、個別にフォローできる体制を作っていくべきではないだろうか。

先日、近所のカフェでこんなお客様とのやりとりがあった。

「あんた電気屋さんかい？」

「はい、カメラ屋です」

「カメラ屋？」

「サトーカメラです」

「ああ、サトカメさんね。ビデオはやってるの？」

「大丈夫ですよ、何か？」

そのシニア客の話を聞くと、「家電量販店で買ったテレビでＤＶＤが見られなくなったので、買い替えたい」という内容の相談だった。

サトーカメラではテレビは販売していない。もちろん、それはサトーカメラで買った商品ではない。しかし、お客様にとっては、サトーカメラが何を扱っていて、何を扱っていないのか？というのはどうでもいいことで、とにかく、それよりもテレビが動かなくて困っているのだ。そんなときの相談先に、お買い求めになった家電量販店ではなく、私を信頼してくれて実にうれしかった。

テレビの現状をよく聞くと、購入してまだ10年も経っていないとのこと。買い替える必要はないかもしれないので、お客様の自宅まで確認することにした。そして、どうしても直らないようならば、お客様のご希望通り買い替えるお手伝いをすること、サトーカメラで手配から設置まで行なうこと、そして廃棄処分まで全部請け負うことをお伝えし、住所と電話番号をお伺いした。

まさかの対応に、お客様も「それは助かった」とニッコリ。


当日の対応は、お客様の自宅に近いサトーカメラの古谷キャプテンが担当することになり、早速テレビをチェック。DVDプレーヤー部分のヘッドをクリーニングしたところ、一発で解決したようだ。

「よかった、よかった」と一件落着。もちろん、お代をとることなどせず、「また困ったらご相談してくださいね」と帰ろうとしたところ、古谷キャプテンの目に入ったのはビデオカメラで撮りためたビデオテープの山。お客様の自宅にお伺いさせていただいて、シニア層には想い出がテープやフイルムにたくさん残っていて、それがデータ化されていないという現状に気がついた。

そこで、古谷キャプテンは、

「このビデオ、もうデッキがないから見られないでしょう。このテレビで見られるように、DVDにしましょうか？」

とご提案し、山積み状態だったビデオテープをＤＶＤ化する大量注文を請け負ってきたのである。

この事例を知り、私は唖然とした。「想い出をキレイに一生残すために」という企業理念で地域一番店となったサトーカメラだったが、お客様のご自宅には、まだまだ残すべき想い出が眠っていたのだ。

これがきっかけとなり、私たちは店舗周辺地域に住むシニア層の想い出を後世に残そうと、サトーカメラ外商部を立ち上げることにした。

サトーカメラのミッションに、「お客様はいつも正しい。お客様から学ぶこと」というのがある。経営者も現場のアソシエイトも、このミッションのもと、「できません・ありません・やりません」と断らない接客を実践しているからこそ、新しいマーケットを見つけることができるのだ。これが「ウチは電気屋じゃないしな」という考えだったら、新しいマーケットを生み出すことはできなかっただろう。

お客様に教えられた一つひとつの体験を知識化し、仕組み化し、スタッフに教え、店全員で実践していく。本書では、この中小店の商売の本質とも言える「顧客一体化戦略」の極意をお伝えしようと思う。

お客様はどんどん進化している。スマホが普及したいま、情報を自分で集め、欲しいものを売っている店を見つけて、知らない街にもグーグルマップを見て買いに行く時代だ。お客様はダイナミックに動いているのに、どうして地域の中小店は、やれ人口が減っただの、デフレで利益が出しにくいだのと嘆くだけで、時代の変化に対応してダイナミックに動くことができないのだろうか？

私はその理由を、地域密着の中小店のための経営理論がないせいで、中小企業の経営者たちがどう動いていいかわからないからだと思っている。

この現状を私は変えたい。動き方の指針さえわかれば、地域密着で商売を続けてきた皆さんならではの強みが活かせるはずだ。

地域には眠っているマーケットがまだまだあるのだ。一緒にそれを掘り当てよう。繁盛を追いかけよう。そのために本書を使い倒してもらえたら、こんなにうれしいことはない。

サトーカメラ株式会社　代表取締役専務・日本販売促進研究所　経営コンサルタント　佐藤勝人

『モノが売れない時代の「繁盛」のつくり方
――新しいマーケットを生み出す「顧客一体化戦略」』目次

1章 これからの繁盛法則「顧客一体化戦略」

2章

商圏を絞れ！お客様は絞るな！

3 章

お客様に「本物の楽しさ」を提供してモノを売れ!

4章

繁盛を生み出すスタッフを育てよう！

5章 地域に愛される店が文化を創る！

カバー・本文デザイン◎二ノ宮匡（ニクスインク）
本文DTP◎マーリンクレイン
編集協力◎筒井秀礼

1章

これからの繁盛法則「顧客一体化戦略」

繁盛法則01

モノを売るだけでは繁盛しない。繁盛は自ら創り出せ！

モノを売るだけでは儲からないことぐらい、誰だって知っている

あなたの店は繁盛しているだろうか？　もし十分に繁盛していないとしたら、あるいはなんとなく右肩下がりで先々に不安を感じるとしたら、かつての繁盛を取り戻すために、どんな手を打てばいいだろうか？

いま、小売店は「モノを置いて売る場所」ではなくなっている。「単に売り物が置いてある場所」では、もう繁盛しないのだ。

しかし、巷のマーケティング理論はこう言うだろう。「人口減で全体の需要が縮小した。既存のマーケットには期待できない。新たな市場を開拓せよ」と。でも、彼らの言う「市場の開拓」は、顧客を富裕層にシフトするとか、ハイリターンのニッチ商品を扱うとか、そんなのばっかりだ。

一瞬、この本から顔を上げて外を見てほしい。向かいの八百屋が見える。店の前の道が見える。近所の小学生が下校していく。飲み屋の主人が仕入れの買い物袋を抱えて通り過

ぎる。役場のサイレンが鳴ったから、そろそろ人通りが増えてくる頃だ。窓から隣家の軒先が見えた。駅前のマンションの田中さんは、今日はさすがに予約の品を取りに来るだろうか。

――私が言いたいのは、**あなたは、あなたのいるその地域に店を構えている**ということだ。店の繁盛もあなたの地域に暮らす人たちとともにある。

既存のマーケットには期待できない？

いやいや、私たちはこの地域市場の、このマーケットで商売をしているのだ。だから、新たな市場もこの地域で創る。既存のマーケットの中で自店の商品の切り口を変え、客層を増やしていく。それが本当の市場の開拓だ。

私は、地元の栃木県で写真・カメラ販売のローカルチェーンを30年以上経営してきた。おかげさまで県内シェア20年連続1位、栃木県民のカメラ及びレンズの消費額は全国平均の3倍以上で全国1位という栄光をいただいている。その経験と、経営コンサルタントとして日本各地の経営者を18年以上実践指導してきた成果をこの1冊にまとめた。

商売繁盛の基本は、商品を通して「文化」を地域に創造することだ。

あなたの店の商品で文化を創れ！　商品を通じて地域の人々の生活に影響を与えろ！

そのための方法論と具体的なやり方を、これからお伝えしていこう。

「生産量日本一」はもういらない。「消費量日本一」を目指せ！

いきなり「文化」と言われても……と思ったかもしれない。

あなたの店の商品を作っているのは誰か。そう、メーカーだ。仲卸しを使っていたとしても、メーカーが作ってくれるから、あなたの店の店頭に商品が並ぶ。当たり前の話だ。

メーカーにとって、「繁盛」といえば生産量が増えることだ。日本は製造業で経済を伸ばしてきた歴史があるから、いまでも「生産量日本一！」などと誇らしげに叫んでいる。

だが待ってほしい。**「文化」とは消費量だ。**商売の良し悪しを生産量で決めるのは一番恥ずかしいことだ。


生産量が日本一になるというのは、極端に言えば、「日本で一番人件費が安い地域で作っていますよ。原材料も一番安く買い叩いて仕入れていますよ。いろんな場面でいろんな要素を搾取して、製品を作る体制を整えていますよ」ということを意味しているのに他ならない。

しかし、これが「消費量日本一！」という話になると事情が変わる。消費されたということは、それだけ地域の人に支持されたということだ。

いい例が宇都宮の餃子だ。

宇都宮市が餃子の消費量で日本一になったのはなぜか、ご存じだろうか？

以前、支援させていただいたとき、内幕をよく知る地元の店に聞いたことがある。そうしたら、何のことはない。普通の新鮮な野菜と肉で作ったからだというのだ。

それまでの餃子のメインターゲットは、お金のない若者だった。餃子は、大衆中華食堂で安い値段で腹いっぱいにするための食べ物だった。材料にもそれほどこだわることなく、しなびて程度の落ちた野菜や、売れ残って挽肉にされた肉で作られていた。あるいは、冷凍餃子を仕入れて売っていただけ。そうなるとどうしても脂っこいし、食べ過ぎると胃もたれするくらい腹持ちがした。だから若者に人気があったのだ。

そこに、宇都宮の餃子店が普通の鮮度の野菜と肉で餃子を作って売り出したところ、これが「さっぱりしていてうまい」「私にも食べられる。おいしい！」という人が続出し、メインターゲット外の女性や年配層も含めて食べ始めた。いままで食べていなかったターゲット外の客層に広がったというわけだ。

当然、消費量が飛躍的に伸びて、気がついたら日本1位2位を争う消費量をたたき出していた。

ここで勘違いしないでほしいのだが、宇都宮の餃子が消費量1位になったのは、地元の餃子マニアが全国平均の3倍も4倍も食べたわけではない、ということ。もちろん人口が急増したわけでもない。簡単に言うならば、狙ってもいなかったターゲット外の人が消費したということだ。

彼らは宇都宮という同じ地域に住んでいる、これまで餃子を食べなかった人たち、商品を買わなかった人たちだ。そういうターゲット外の人たちを巻き込んで、「餃子といえば宇都宮だ」と**地域のみんなで思うようになれば、それはその地域の文化になる**。

かくして宇都宮は「餃子消費量日本一」の地域として知られるようになったのだ。

「モノが売れない」「客が減った」。ならば、あなたの店が地域の文化を変えればいい。

地域の文化を変えるというのはオーバーだとしても、これからの店舗型ビジネスが目指すべきは、この「〇〇といえば〇〇だ」とみんなに知ってもらうことである。

あなたの店にとっての「餃子」にあたる商品を打ち立てて、地域にとって「〇〇といえば〇〇だ」と言われる存在になる。これが、地域で文化を創るということであり、繁盛していく唯一の道だ。

HINT

単純に言うと、その地域で全国平均の2倍以上を売れば、少なからず認知されると思うよ。

繁盛法則

02

店の大義は目の前のお客様にある！

商売の大義がメーカー基準になっていないか？

店には「大義」が必要だ。

生産量は作る側の基準だ。買って使う人の基準ではない。

前項でも述べたように、日本は戦後の成長を製造業がリードしてきた国だから、「大義」もメーカーの発想で捉えられてきた。マーケティング理論も、意識的か無意識かにかかわらずメーカーの発想がベースになっている。その状況はいまだに変わっていない。

そのメーカーはというと、いまや合併・統合が進み、「収益効率のいい」「ニッチな製品分野」をいかに開拓するかが生命線になっている。そこに「イノベーション」、つまり新たな技術の開発こそ自分たちの大義であるという発想が生まれてくる。

だが、私たちはメーカーではない。店舗型ビジネスには店舗型ビジネスならではの大義があるはずだ。

私はそう考えて、自社の写真・カメラ販売店という商売を通し、「地域の人たちの想い出をキレイに一生残そう。その力になろう」という大義を持つに至った。サトーカメラの企業理念でも、「想い出をキレイに一生残すために」と謳っている。

なぜ、これが大義になるのかというと、「家族の想い出」「子どもの想い出」「自分の想い出」「両親の想い出」「ペットの想い出」……とにかく想い出が必要ない人間はいないからだ。

写真・カメラ販売店にとっての「イノベーション」があるとしたら、それは写真を撮る楽しみや喜び、写真を飾ったり、ギフトとして贈ったり、想い出を残す感動などをまだ知らない人に、その素晴らしさを知ってもらうことだろう。

そして、地域の圧倒的多数の人は、まだその素晴らしさを知らない。マーケットはまだまだあるということだ。

そこで決してお客様を絞ったり、区分けしたり、排除したりしてはいけない。昨今は、お客様を絞って、高いモノを売りつけるのが中小店の生き残り戦略だ、などと言われているが、とんでもない。

ニッチに逃げるな。富裕層に逃げるな。高単価商品へのシフト戦略に逃げるな。これらはメーカー的発想であり、自社が生き残るためだけのせこい戦略だ。

商売のタネは、まだまだ地域に残っている。そこで繁盛を生み出すのが、あなたの仕事だ。まずは、すべてのお客様を受け入れること。そこに中小店舗型ビジネスにとっての「大義」がある。

店の大義はお客様が教えてくれる

最近も、このことを確信する出来事があった。

私がいつものように近所のジムに行って、ジャグジープールに入っていたら、60歳代の年配の女性が入ってきた。すると、

「佐藤さん、写真のプリンターって、いくらで買えるの？」

と話しかけられた。

普通だったら、プリンターの価格だけを答えたらいいのかもしれない。でも、私はこう尋ねた。

「プリンターで何を印刷したいの？」

「スマートフォンにたくさん写真が入っているんだけど、現像したことがなくて。最近、想い出が残ってないのよね」

ああ、そうかと思った。この女性はプリンターが欲しいわけじゃないのだ。そこで私は、「プリンターなんか面倒だからいりませんよ。スマホをそのまま店に持って来ていただいたら、スタッフが一緒に見て選んで、すぐプリントしてくれますよ」

と伝えた。そして、

「どこに住んでいるんですか？　それなら近いのは宇都宮インターパーク店で、あの場所にありますよ」

「ああ、それならわかるわ。じゃあ、行くわ」

という会話をして、別れた。

このときは、「単なる挨拶代わりの話だったかもなぁ」「本気じゃないかもしれないなぁ」という気持ちも少しよぎった。そのため、お客様の名前や電話番号、確実に来る日時などは聞けずじまいだった。

「これが部下指導だったら、なんで名前も電話番号も聞いておかないんだ！　と怒るところだよな」と、自分の不甲斐ない対応を反省していたら、ちょうどジムを出るときに、その女性に再会できた。

プロの配慮として、いまさら名前や電話番号を聞けるはずがない。そこで、私は「年末年始は休まず営業していますから、いつでも待ってますね」と一言伝えた。

すると、女性は即決で「明日行くわ」ということになった。

ジムを出た後すぐに、宇都宮インターパーク店の金田店長にメッセージを入れ、こういう女性が明日来るから対応してほしいと伝達した。個人を特定する情報は名前も何もわからないが、印象に残った一言だけは店長にしっかり伝えた。

「最近、想い出が残ってないのよね」

つまり、久しくプリントしていないということだ。カメラがデジカメやスマホになってからは、プリントをしない人も増えた。写真自体はスマホなり、カメラなりの本体に残っていても、だ。

そして翌日、金田店長はさすがの接客だったようだ。来店してすぐにその方のことがわかって、万事対応してさしあげたそうだ。

女性はご主人を亡くされて、いまはおひとり。年３回は海外に旅行に行って、ダイビングもやっている、いわゆるアクティブシニア。

旅行先では写真もたくさん撮影しているが、長らくプリントをしていなかった。それを金田店長は一緒に、莫大なデータから１４０枚ほどいい写真を選んであげて、プリント注文をいただいた。そのうえ、新しいデジタルカメラもお買い上げいただいたという。

女性は後日、旅行仲間に写真を配って、すごく喜んでもらえたようだ。来週も旅行に行かれるとかで、帰ってきたら、また店にプリントをしに来ると言っていたらしい。これからは旅行に行くたびに、店にプリントに来てくださるだろう。

これが、ジムのジャグジーに女性に声をかけられたとき、「仕事の時間しか相手しない」とか「プライベートは仕事しない」「ＯＮとＯＦＦは切り替える」と思っていたらどうだろう。新規客をまんまと逃したことになる。

いつ、どこにいても、たとえ海パン一丁でも、自分はサトーカメラの人間だ。地域に根ざして、地域のすべての人に対して商売をやっていくということは、こういうことなのだ。

地域で商売をしている以上、買い物をしたり飲みに行ったりすれば、そこでお客様と会わないとも限らない。そこで話しかけられて「仕事中じゃないですから」なんて断わってたらおかしな話だ。

また、「どうせ、60代の人はスマホのプリントなんかしない」などと決めつけるのも、大きな商機を見過ごすことになる。

60代・70代のお客様を「おじいちゃん、おばあちゃん」扱いしちゃダメだ。プリントして楽しみたい、想い出を残したいと思うのは若者だけじゃない。いくつになっても〝いま〟の想い出が大切なのだ。

アクティブシニアにももっと想い出を残してもらう余地があり、この顧客層の開拓強化をする意味は大きいと実感した経験だった。

店の大義も、新たな商品・サービスも、自分で勝手に領域や限界を作ってはいけない。お客様に喜んでもらうためにはどうしたらいいかを考え、行動すれば、今度は逆にお客様が教えてくれる。

こうした店とお客様との関係性は、決して大手企業では築けないだろう。家電量販店で「プリンターが欲しい」と言ったら、「はい、おすすめはこちらです」と、その店イチオシのプリンターを買わされて、はいおわり、だ。

この、お客様に教え、お客様から教わることで繁盛を生み出す関係性づくりこそ、本書でお伝えする「顧客一体化経営」であり、これからの時代の地域一番化戦略なのである。

HINT

私たちの仕事は生活の中にあるんだから、生活の中から学べばいいんだよ。

繁盛法則

03

お客様が成熟しているマーケットだからこそ中小が大手に勝つ！

いつものお客様だって毎年のように変化している

心理学者のマズローは、人の欲求を5段階に分けて説明した。

第1段階 生理的欲求……生きるための食べ物が欲しい
第2段階 安全の欲求……安全な暮らしがしたい
第3段階 帰属の欲求……仲間が欲しい
第4段階 尊敬の欲求……他人に認められたい
第5段階 自己実現の欲求……知らないことを知りたい

餃子が昔はそれほど付加価値にこだわって食べるものではなかったように、日本でヒットする商品はつい最近まで、「マズローの欲求5段階説」でいう第1段階「生理的欲求」と第2段階「安全の欲求」に訴えたものが多かった。

1950年代後半からの高度経済成長期に活躍した商業の諸先輩方は、まずこの第1段階の欲求を満たす商売をしていた。

たとえば食品の分野なら、多くの人がとにかく腹いっぱい食えるように安さを追求した。

そして、この数年で安心・安全な食べ物を意識するようになった。イオンやセブン&アイをはじめ、大手総合ストアの商売はこの欲求5段階説の第1、第2段階に対応するための「チェーンストア理論」が、現在でも基本となっている。

だが待ってほしい。高度経済成長時代からもう半世紀以上経ったこの日本で、当時の発想のままでいいのだろうか？

車を例に考えてみよう。トヨタ自動車のカローラが累計4410万台生産され、150以上の国と地域で売れた。おかげで日本車は安心・安全だという評価が固まった。「世界のトヨタ」だ。

しかし、あなたは、ポルシェとカローラのどちらが欲しいかと聞かれたら、どう答えるだろう？　大半の人がポルシェと答えるのではないだろうか。

それは、ただ高価だからという理由だけではないはずだ。ポルシェにはカローラにはない際立った個性があるから、選ばれるのだ。

日本の消費者は第1、第2の段階の欲求を満たすだけでは足りなくなっている。

図1　お客様の欲求は変化している

マズローの欲求５段階説

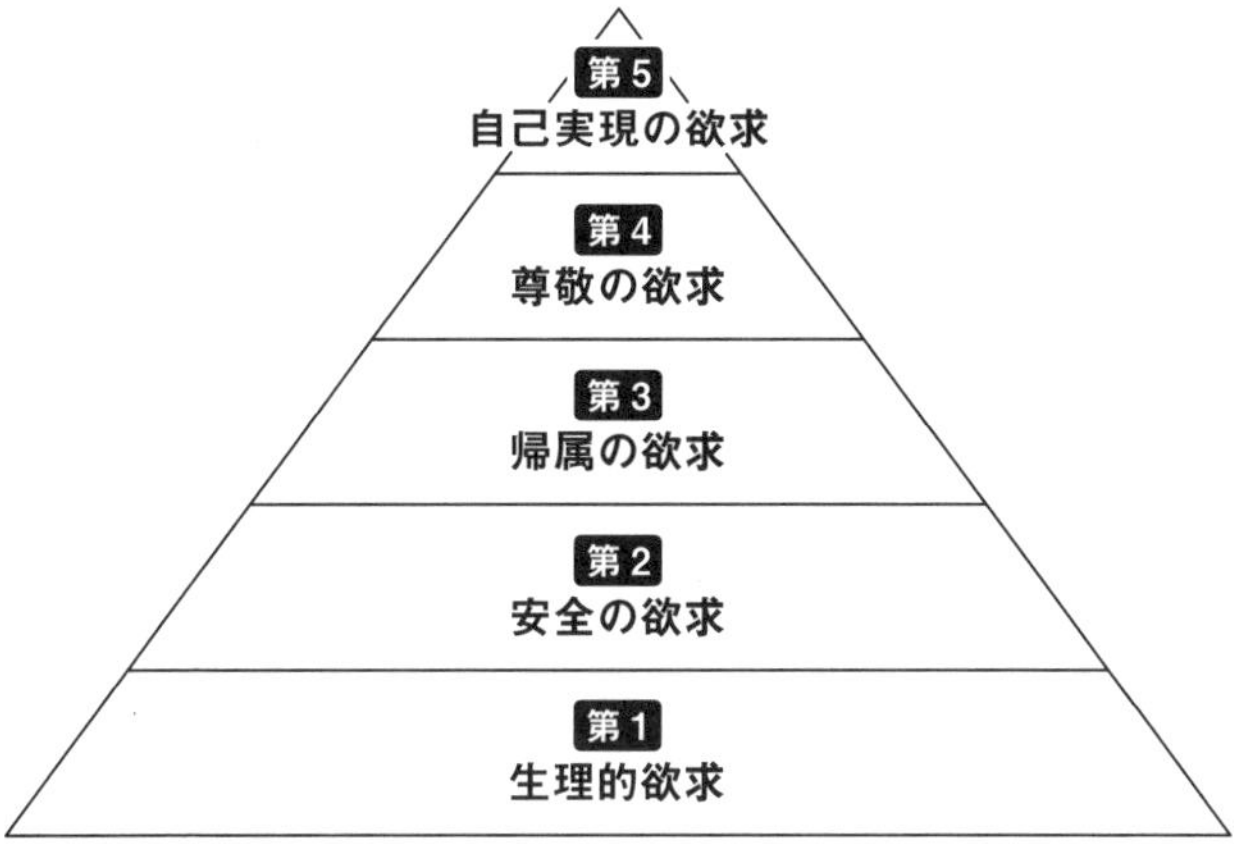

現在のお客様の欲求

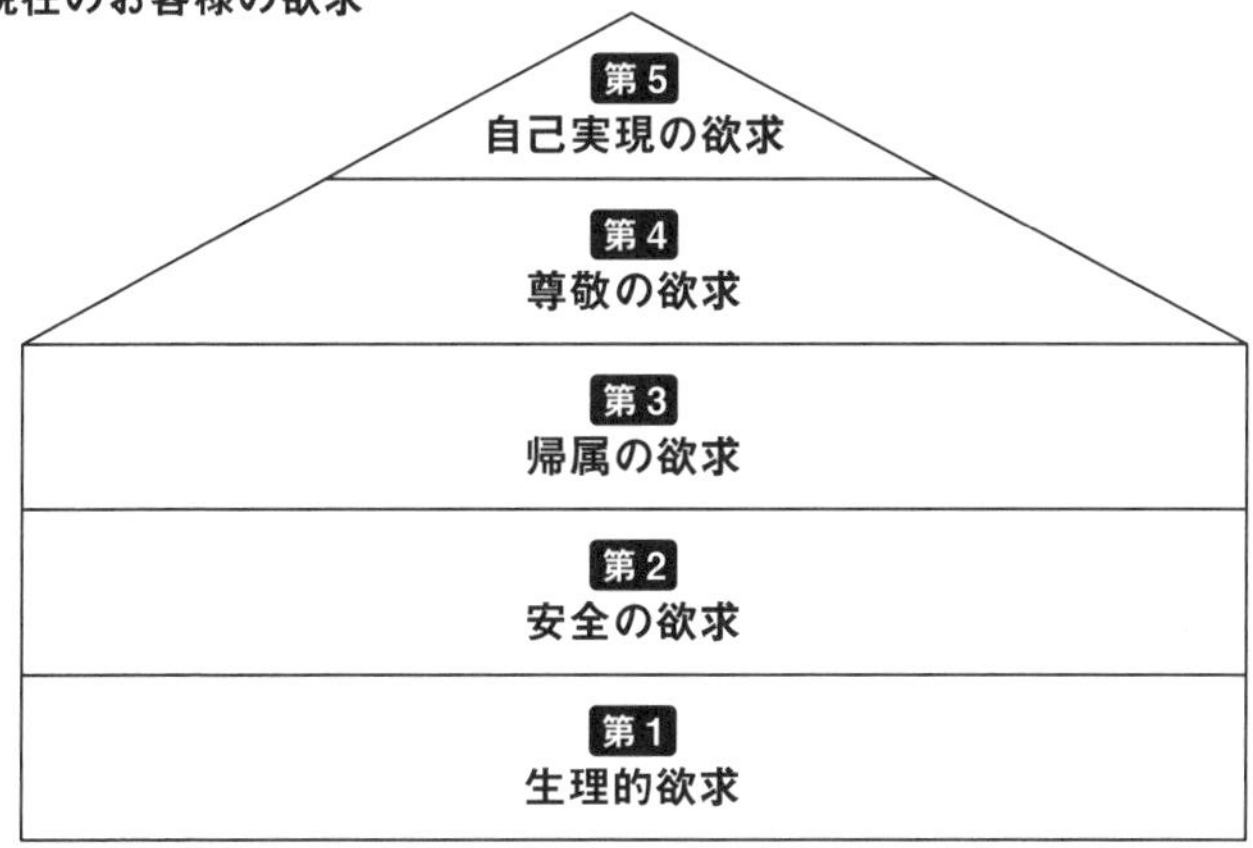

「誰かに自慢できる〝ちょっといいモノ〟を持ちたい」「安い・早いじゃなく、本当においしいものを味わいたい」「他人に認められたい」、あるいは「つながりたい」「仲間が欲しい」というような、第3、第4、第5段階の欲求を持ち始めている。お客様の欲求も、変化しているのだ。

本来、「マズローの欲求5段階説」は正三角形で描かれるが、このようにマスの欲求が第3段階「帰属の欲求」や第4段階「尊敬の欲求」まで上がってきたことで、その形も変わってきつつある（前ページ図参照）。

前述したように、第1段階「生理的欲求」と第2段階「安全の欲求」は大手総合ストア系の企業がガッチリ押さえているが、いまではそれが仇にもなっている。

小売に限らず、日本の大企業は戦後一貫して経済性（経済合理性）と社会性（公平・公正）ばかりを追求してきたが、マスの変化で第1、第2段階のニーズが頭打ちになってきている。大企業はオペレーションを含むあらゆる仕組みをチェーンストア理論で完成させ、全国展開しているせいで、いまさら方向転換ができず、ジレンマにあえいでいるのである。

この状況を見逃さないでほしい。中小の店舗型ビジネスは、いまがチャンスだと思う。チェーンストア理論と真逆の発想で、お客様の変化をつぶさに見つめ、お客様の潜在的欲求——私の言葉では「本質的欲求」——を引っ張り出し、トコトンそれに応えられる店を作っていこう。

そこに新しい商品やサービスが生まれる具体的なヒントが、バッチリ眠っているのだ。

中小企業で働く人材こそ顧客一体化戦略に向いている

お客様の本質的欲求をつかむにはどうすればいいか。私は、実は中小企業の人材にこそ、それができると思っている。

正直なところ、我々のような中小の店舗型ビジネスの企業に就職してくるような人材は、「マズローの欲求5段階説」でいえば、働く理由が第1か第2、せいぜい第3段階の欲求である場合が多い。つまり、そこそこ食えて、普通の生活ができていればいい人たちだ。仕事というものに、それ以上を求めない意識の人たちだ。

決して、それ自体が悪いわけではない。私自身、働き始めたときはその次元から始まった。「なんで働くかって？　飯食わなきゃならないからだよ」と20代中頃までは思っていた。

だから、そういう人たちの気持ちもよくわかる。

だが、実際に現場で揉まれ、毎日のようにお客様と接していると、もう少しうまい対応ができたはずだとか、もっとあのお客様のお役に立てたはずだという気持ちを感じるようになるものだ。

働き出した頃の意識はどうであれ、お客様と接する仕事である以上、お客様に不満を示されたり、逆に自分の予想を超えて喜ばれたりといった体験を通じて、第3、第4、第5段階の欲求が自然に出てくるものである。

たとえ仕事への欲求が成長しないスタッフがいたとしても、怒る必要も、嘆く必要もない。むしろ、第1の欲求から第5の欲求にまで段階を上げるスタッフは一握りだと考えたほうがいい。

仕事への欲求が第1、第2段階のスタッフは、普通のお客様の気持ちがわかる人たちだ。

そうした認識もないまま、躍起になって組織や現場をマネジメントでこねくり回し、ガバナンスやらコンプライアンスやらで、つまらないがんじがらめの規則ばかりができあがっているのが、大手企業の真似ごとばかりしている中小企業の現状だ。それが逆に成長していく人間を冷めさせてしまうケースがいかに多いか、彼らはわかっているだろうか？

大手企業なら、それでいいのだろう。大手企業には最初から第4か第5、つまり自己実現型の欲求が働く理由になっているエリートたちが志望してくる。企業もその段階の人材を採ろうとする。

だから彼らは、大きなお金を動かすBtoBのビジネスしかできないというのが、コンサルタント活動で多くの大企業の内側に出入りしてきた私の実感だ。

彼らの思考には、電通の鬼十則でお馴染みのように、「大きな仕事に取り組め！　小さな仕事は己を小さくする」という意識が未だにはびこっている。


地域の中小企業は、そうはいかない。地域に根ざした、人の心がわかるのがいい会社だ。そのためには、多様性を受け入れるということが必須なのである。

いかにお客様の欲求が第3、第4、第5段階に上がってきたからといっても、もともとは第1、第2段階の欲求が購買行動の原理だった人たちだ。お客様の圧倒的大多数はいわゆる一般の庶民。市井の生活者なのだ。

生まれ育ちからして中流以上の少数派のエリートたちは、そうしたお客様の気持ちがわからない。彼らは、BtoCの個々に対応しなければならない店舗型ビジネスには、ハッキリ言って向いていない。

お客様と同じ目線の関係を築く顧客一体化戦略

ついでに言うと、大手企業では、お客様の気持ちがわからない代わりに、第2段階までのニーズに応える仕組みが万事にわたりシステム化されている。

だから彼らエリートたちは、就職すると自分の頭で考えない働き方を覚えてしまう。周りでは先輩たちが出世競争を繰り広げている。見ていると、先輩たちの行動原理は一にも二にも「失点回避」だ。

そして、自分もいつのまにかリスクをとらない働き方を身につける。リスクをとって挑戦しなくても、もともと給料はいいし、いまは働き方改革と称して、半人前の新人でも甘やかしてもらえる。だから入社当初は優秀でも、5年もいれば鈍くなる。

中小の店舗型ビジネスの企業に就職した第1段階の欲求の新人が、現場で揉まれ、お客様との関係を作る中で、第3段階くらいまで成長したほうが、エリートよりお客様側の気持ちがわかる人間に育つというのが私の見立てである。

中小企業で働いている人間は、自分ももともと第1段階の欲求で働いているから、第1段階の欲求で買い物をするお客様の気持ちがよくわかる。そこで満足するお客様を馬鹿にしたりはしない。

そのうえで、自分の仕事に責任を持って5年も努力していれば、第2から第3、第4段階の欲求を感じ始めた顧客の気持ちもわかるようになっている。だから、あらゆる層のお客様に対応できる人間に育つ。

私自身も、就職してから段階的にいまの水準になったから、どの層のお客様の気持ちや望みも自分事として感じることができる利点を知った。つまり、お客様と一体化できるのである。

これが私の考える「顧客一体化戦略」の原理だ。顧客一体化戦略とは、**店とお客様、スタッフとお客様が同じ目線でつながるから実現する戦略**なのである。

この点について、「顧客教育」という言葉で世間に流布されている教えは、基本的に全部〝上から目線〟であることも指摘しておこう。最初から第4、第5レベルのエリートたちが「一般庶民は愚かだから教育してやろう」とか、「下々の者が味わう機会のない体験をさせてやろう」という姿勢でやっているから、それらの行為が全体的に表面的な薄っぺらな形だけになってしまっているのだと思う。

それがお客様に見抜かれてしまうから続かないし、何も響かない。なのに、中小企業の社長たちは、自分も下々の出身のくせに第4、第5レベルの人たちに憧れがあるから〝上から目線〟の姿勢を見抜けず、「これからはコキャクキョウイクだ！」などと喜んで自店に取り入れて失敗している。

まったく馬鹿馬鹿しいことだ。

HINT

普通の人が社会を変える。普通の人だからこそできるのが商業だ。

繁盛
法則
04

ポイントカードでの顧客管理に頼って商機を逃していないか？

顧客一体化戦略の原点はポイントカードの廃止

私たちが顧客一体化戦略の原点に目覚めたのは、20年近く続けてきたポイントカードを2008年にやめたときだった。

きっかけはリーマンショックだ。

90年代前半、ソニーがポイントカードにクレジット機能をつけたカードを開発してANA（全日空）に持ち込んだ。マイレージカードの原型だ。

いまでこそクレジット付きポイントカードなんて珍しくもなんともないが、当時はクレジット機能を持たせて本当に大丈夫なのかということで、本格的に世に出す前に実験したいというので、うちに話が回ってきた。ソニーからすれば、サトーカメラなら商圏が栃木県内限定だから、もし万一何かあっても、最小限の影響と対応で済むという計算があったのだろう。

うちはそれまでにも通常のポイントカードを何年も運営していたし、特に問題はないと思って協力することにした。会員数は15万人くらいになっただろうか。年会費を1000

円ほど頂戴して続けていた。

そして順調に運営は続き、十数年が過ぎての2008年だ。リーマンショックの影響で日本も経済が混乱し、ある日突然、ソニーがこのポイントカード事業から手を引くと言ってきた。

いきなりやめられても困るのはこっちのほうだ。発行済みポイント、つまりお客様から前金でお預かりしたのと同様のお金が約3億円分もある。

私はソニーの担当者に「お客様のポイントはどうするのか！　運営を続けたいから代わりのクレジット会社を紹介してほしい」と詰め寄ったが、彼らは真っ青な顔をして黙ったまま。

それから何社かクレジット会社を紹介されて話をしに行ったが、どこもリーマンショック後ということもあり、しかも「ソニーが撤退するくらいだから、当社もいつ撤退するかわからないから責任が持てない」というのがクレジット会社の本音だった。

そんなこともあって私たちもなかなか決断できない状況だった。

私たちは悩んだ。代わりのクレジット会社が見つかったとしても、このままポイントカードを続けるべきか。それが本当にお客様のためなのだろうか。それとも、お預かりしたポイントは血を吐いてでもお客様に還元して、ポイントカードを廃止するべきなのか……。

どちらがお客様のためなんだ。悩みに悩んで出した結論は、「よし、やめよう！」だった。

先行き不透明な状況で延命措置をとったところで、またカード会社が事業撤退と言ったら、他のカード会社を探し続けるのか？　このような延命措置を続けることになんの意味があるのだろうか？

もしかしたら私たちが悩んでいるのはお客様のためではなく、自社の顧客喪失を恐れているからなのではないだろうか？　という本質に行き着いたのだ。

私がその決断を伝えると、現場は大騒ぎになった。

「約十数年も使い続けてきた顧客情報が入ったポイントカードなしで、これからどうやってお客様を接客すればいいいんですか⁉」

確かに、これまではお客様のお名前を覚えていなくても、カードを見れば書いてあった。レジを通せばいつ何時、何をいくらで買ったかのデータが出た。先週、これをお買い上げいただいたのなら、もう今日はこれ以上、何かお勧めしても無駄だな——そんな勝手な判断もしていた。

結果、せっかくお客様が来店してくださっているのに、**目の前の生の人間と向き合わないで、カードデータとレジばかりを見て接客をする店になってしまっていた**のである。

私はあらためて不安に襲われた。こんな状態でやっていけるのか、自分はとんでもない判断ミスを犯したのではないか、と。


だが、不安は杞憂だった。

驚いたのは、スタッフたち——サトーカメラではアソシエイトと呼んでいる——の目線が、ポイントカードが使えなくなってから変わったことだ。

手元のカードやレジ、つまり下を向いていた目線が、お客様の顔を見るために上がってきた。スタッフにつられて、手元や下を向きがちだったお客様の顔も上がってきた。店内に人の顔が増え、活気が出た。

お客様の名前が思い出せなかった場合にはどうするのかと見ていたら、「ごめんなさい、一昨日いらしてくださったのは覚えてるんですけど、お名前はどなた様とおっしゃいましたでしょうか？」というふうに、言葉を工夫して尋ねている。

お客様は怒るわけでもなく、「やだもう、シミズよ。先週も来たじゃない」などと言って笑っている。

アソシエイトも思い出して、「あっ、そうだシミズ様だ！　レンズ買ってくださったんでしたね。その後、いかがですか？　使い方がよくわからなければお教えしますよ」と、販売後の対応にも自然につなげている。2人で和気あいあいとした会話が続いている。

その姿を遠くから見て、私は「そうか、これがコミュニケーションなのか！」と思った。

何も心配することはない。ポイントカードなどなくても、お客様と同じ目線に立ち、お客様に近づき、一体化していけば、いい接客はできるのである。

サトーカメラの「2時間接客」は何のためにやっているのか？

いまやサトーカメラの代名詞となった「**2時間接客**」。これが増えてきたのも、ポイントカードを廃止したこの時期だった。

現在、ポイントカードを導入している小売店の多くは、ポイントカードに顧客情報の管理・利用機能を期待していると思う。

しかし、気づいてほしいのだが、ポイントカードで把握できるのは自店での購買行動に限られる。

先週レンズを買ったから、今週はもう買わないと誰が決めたのだ？　そんなことは目の前のお客様に今日お聞きしてみないとわからない。話すうちに別のニーズが出てくるかもしれないし、それに対して新しい提案ができるかもしれない。

カードデータに頼ることで、店のほうからみすみす販売機会を逃しているかもしれないのである。

また、ポイントカードには顧客の囲い込み機能も期待しているだろう。関連商品は全部自分の店でお買い上げいただきたいということだ。

だが、自分が欲しいものをどこで買おうが、それこそお客様の自由だ。

お客様が他店でレンズを買った、もっと高級なレンズをＡｍａｚｏｎで安く見つけた……それに対して、いちいち腹を立てたりしなくていい。

「おお、それは安かったですね。でも、使ってみてどうでしたか？　1人で使いこなせます？　明日撮影教室がありますけど、いらっしゃいませんか？」

というふうに、買った後のお客様の楽しみに食い込んでいけばいい。

これこそ地域密着型のリアル店舗の独壇場だ。新しい販売機会もそういうところから生まれるのである。

こういった接客が日常になれば、2時間くらいはあっという間だ。

読者の皆さんは、非効率だ、時間のムダだ、と思っただろうか？　でも、それでいいのである。そういった接客を続けていれば、**たとえ今日の売上にはならなくても、年間を通してお買い上げいただける**からだ。

だが、そうはいっても、サトーカメラのアソシエイトたちがお客様に対して創造的なコミュニケーションがなかなかできないことに、私はずっと悩んでいた。

モチベーションの問題かと思って、定期的に飲み会を催した時期もある。結論から言うと、何の効果もなかった。タダ酒が飲めてうれしい人間を喜ばせただけだ。現場の成長にはまったくつながらなかったと言っても過言ではなかった。

そうやって日々悩んできたことが、ポイントカードをやめたことをきっかけに変わっていったのである。

いま振り返れば、顧客一体化戦略の中身は、あのときから私の頭の中に育ち始めたのだと思う。

HINT

ポイントカードに逃げているうちは根本原因に気づけない。

2章

商圏を絞れ！お客様は絞るな！

繁盛法則
01

中小の商圏で
ニッチ商品を
狙ってはいけない！

目の前にお客様はまだまだいる。マス商品で売れ！

我々のような店舗型ビジネスとメーカーの一番の違いは何だろうか？　それは、メーカーは製品を作ったら、日本中、世界中に出荷するのに対し、店舗型ビジネスは商圏が限定されている点である。

メーカーは製品を作るところまで。それを買いつけて、遠く離れた海外に広めるのは商社やバイヤーの仕事。つまり、メーカーは空間の制約を受けないのに対し、店舗型ビジネスは店を構えたその土地に根ざして営業していく以上、地域の商圏という物理的制約を免れることができない。平たく言えば「泥臭く商売を続けていく」ことに商機があるのだ。

これが私たちの出発点だ。

「ちょっと待て。ネット通販は空間の制約を超えるぞ」と指摘する人がいるかもしれない。

しかし、それは結局、メーカーの論法と同じだ。

その指摘の後には必ず、「だから店舗型ビジネスも、これからはニッチな商品を狙え」

という話がついてくる。

外野からそういった指摘をしてくる人たちは、10円20円の利益を追って泥水をすすっているようにしか見えないかもしれない。私たち地域の店舗型ビジネスの商売と、超希少な新製品や新技術を発明してパッと儲けるメーカーの商売が、一緒くたに見えているのだろう。

だが、それこそちょっと待ってほしい。物理的半径が5㎞か10㎞か、せいぜい20㎞の小さな商圏で、間違っても多いとは言えない商圏人口を相手にするときに、ニッチな商品に走って顧客ターゲットを絞り込んだら、商売にならないじゃないか。

1万人のうち1人しか買わないような商品は、地域の店舗型ビジネスは扱ってはいけない。

メーカーであれば、1年間で1万人のうち1人が買えば、日本全国の人口1億2000万人÷1万人で、全国に1万2000個出荷できる。しかし店舗型ビジネスでは、1万人に1人だと、商圏人口が5万人で5個しか売れない計算だ。年間の売れ個数がたった5個で日々の商売が成り立つ店があったらお目にかかりたいものだ。

だから、もう一度言おう。ニッチ商品を狙ってはいけない。店舗型ビジネスが狙うべきはマスだ。マス商品に照準を定めろ。

何がマス商品かがわからなければ、自分の生業の大義が何かを考えろ。写真・カメラ販売業なら「想い出をキレイに一生残すため」のカメラとプリントだ。想い出を残すことは人間の本質的な欲求だからだ。

青果販売の場合、大義は何だ？　衣料品販売なら何だ？　菓子店なら？　文具店なら？

そうやって考えていけば、お客様の本質的欲求に食い込めるマス商品が必ず見つかるのである。見つかったら、商圏人口が10万人いれば10万人全員と一体化する商売ができるのである。

店舗型ビジネスは決して時代遅れの衰退産業などではない。小売店がこのまま大人しくネット通販に食われると思っていたら、大間違いだ。

あえて言おう。私は店舗型ビジネスにこだわる。これからも、どこまでも、だ！

HINT

世の中は大手チェーン店とネット通販だけでは生活は豊かにならない。

繁盛法則
02

価格帯は縦展開でお客様全員に来てもらえ！

客層は根こそぎ広げていけ！

そうやってマス商品にターゲットを合わせたら、次に考えるのは価格帯だ。

価格とは、お客様のお金の出し方だ。つまり、価格帯というのは客層のことだ。

ところで、「客層」という言葉には2通りの解釈があることを、あなたは知っているだろうか？

ひとつはアメリカのマーケティングにおける解釈である。

アメリカで食品スーパーに入ると、リンゴならリンゴ、ジャガイモならジャガイモが20種類くらい、ずらっと並んでいる。色も赤、黄、青、緑とさまざまだ。そして値段を見れば、２００円なら２００円で、どれもだいたい同じくらいだ。要するに、１つの商品につき、品種を多くして、価格帯は同じまま、横に展開しているのだ。

なぜそうするのかというと、アメリカにはさまざまな人種がいて、出身国や民族がバラバラだ。一方で、人々の住んでいるエリアは、金持ちか中間レベルか貧乏人かではっきりと分かれている。

そこで、所得水準が中間レベルの住民が多い地域の店舗では、中間の価格帯の商品しか置かない。その代わり種類を増やすことで、どんな国や民族の人の好みにも対応している。同じジャガイモ料理でも、民族が違えば使うジャガイモの種類が違うからだ。

つまり、アメリカでいう「客層」の解釈は、品種で横に広げていくイメージである。

それに対し、日本はほぼ単一民族の国だ。ジャガイモ料理を作るときに、我々はどんな品種のジャガイモを使うだろう。せいぜい、煮崩れするかどうかで男爵系とメークイン系を使い分けるくらいだ。

居住エリアについても、高級住宅地と呼ばれる場所もあるにはあるが、金持ちと庶民が地域ごとにまったく分かれて住むようなことは、基本的にはない。

金持ちも庶民も土用の丑の日には鰻店に行き、自分の懐具合に合わせて特上か並かをそれぞれ注文して食べるのが日本だ。また、たまには少し奮発して特上も味わってみようと庶民が欲気を出すのも日本ならではだ。

欧米と違って、所得水準がまちまちな住民が、同じ地域に混在して暮らしているのが日本の特徴なのである。

ということは、**日本では1つの商品に対し、あまり多くの種類に手を広げず、代わりに価格帯の幅を増やすほうが正しい。**リンゴなら、1個50円の傷物リンゴから1個500円の高級な贈答品用までそろえるほうがいい。

つまり、日本でいう「客層」の解釈は、価格帯で縦に広げていくイメージである（詳しくは、拙著『売れない時代はチラシで売れ！』（同文舘出版）を参考にしてほしい）。

横への水平展開と、縦への垂直展開。同じ「客層」という言葉も、解釈を混同してしまうと間違った結論を導いてしまう。この点を踏まえていないマーケティング理論があまりに多すぎるというのが私の実感である。

顧客一体化戦略は価格帯を広げる戦略であり、それによって、所得水準で客層を区分けするのではなく、所得層にかかわらず商圏内の全住民をその単品の価格帯幅で、根こそぎお客様に来店してもらう戦略である。

どうかこのことを忘れないでほしい。

HINT

アメリカ型の業態論に打ち勝つには、日本型の業種論を極めることにある。

繁盛法則
03

販売員は自分が売っている商品のプロになれ！

販売員の仕事はマナーをマスターすることじゃない

勝負するための「マス商品」が見つかった。「客層」を広げるうえでの考え方もわかった。次のテーマは、地域密着の店舗型ビジネスを営む我々は「何のプロであるべきか?」ということだ。

まぎれもなく、我々販売員は「商品」のプロである。

これは接客というものの本質を問い直すテーマでもある。いま、「販売員のためのマナー講師」とか、「VIP接遇コンサルタント」とか、「メンタル・マーケティング・メソッド・トレーナー」みたいな新手のコンサルティングが増えているが、私に言わせれば「しゃらくさい!」の一言だ。

販売員の仕事はマナーのプロになることか? 違うだろう。お客様にとって一番いい商品を教えてさしあげることだろう。

「メンタル・マーケティング」などと言ったって、目の動きで相手の心が読めると本気で思っているような単純な人間にお客様の複雑な気持ちがわかるわけがない。

そんなことよりも、**自分が売っている商品のプロになれ！** 私たちは何よりも「商品」を通じてお客様とつながるべきなのである。

「商品」のプロとしてトコトン追求しろ！

私は1990年代の半ばから、毎年欠かさず年に2回のペースでアメリカ商業視察セミナーに行っている。向こうでは、イタリアンレストランでもフレンチでも、ちょっとしたレストランに入ると、ウェートレスの他に注文を取りに来る人の大半は若くても30歳代半ばから40歳、50歳代だ。

そのくらいの年齢にならないと、ワインも料理も良し悪しがわからず、お客様が求めているものを俯瞰的に見てご案内することができないからだ。冷静に考えれば、そんなことは常識なのだが。

それに対して日本では、「若い」「見た目のいい」人をその役につける。だから「このシャンパンはどういうもの？」と聞いても、飲んだことすらないから、味の良し悪しもないからわからない。

それで代わりにニコニコ笑われたって、客としては料理を楽しみたいという本質的な欲求から遠のくわけで、しょうがないレベルだ。

極端に言えば、接客に笑顔はいらない。礼儀正しくなくたっていい。茶髪も金髪もタトゥーやピアスなんていうものは関係ない。

ただ「商品」のプロであってほしい。そこにあなたのプライドを賭けるべきだ。

そこから逃げたら終わりだ。

HINT

商品のプロだからこそ、その商品を使おうとするお客様の気持ちがわかるんだよ。

繁盛法則
04

地域で商売を続けていくのは店の使命だ！

店には「地域で商売を続ける」という使命がある

私たちのような地域密着の中小店には、プロだからこそ担うべき使命がある。それは**「続けていく」**ということだ。

一代限りでパッと華を咲かせて終わるのではなく、営々と続けていくことを目指さなければ、真の意味で店とは呼べない。

私の指導先の洋菓子店の例を紹介しよう。

看板商品は手づくりのロールケーキ。毎日朝の3時から作り始めて、できあがって店頭に並べるのが午前9時。それが11時には売り切れる。それくらいおいしくて評判のロールケーキなのだ。

どうしてそんなにおいしいのかというと、クリームはもちろん、スポンジ生地もすべて自分の店で、毎回粉から作っているから。保存料を入れれば作り置きができるだろうに、店主の方針でそれはしない。

保存料は使わない、添加物も入れない、それで毎日毎朝、店主とお父さんと息子さんの3人で、最高のロールケーキを作り続けている。

そうすると、どうやっても1日に60本くらいしか作れない。

ちなみに値段は1本1000円。店主の悩みは、「毎日毎日、作っても作ってもすぐなくなってしまって、体力的にもキツイし、採算もギリギリで将来の展望が持てない。どうしたらいいか……」というものだった。

こういうとき、私はあえて最初は突き放した言い方をする。

勝人「60本だからなくなるんでしょ。100本、200本は作りなさいよ」

店主「いや、作れないんですよ。厨房がこの大きさだから」

勝人「じゃあ、冷凍保存で100本、1000本作り置きしておいて売ればいいじゃないですか」

店主「冷凍は味が落ちるから嫌」

勝人「ならば、味が落ちないように、香料でも防腐剤でもドバッと入れてごまかせばいいじゃないか。そんなもの、お客さんなんてわかりはしないんだから」

店主「それでは品質が変わってくるから、できません」
勝人「お客さんはその品質の差がわかるの？」
勝人「では、そこまでお客様を裏切らない律儀な店主に聞くけど、なんで1000円なの？」
店主「大手メーカーや大手チェーンのロールケーキが大体それぐらいだからです」
勝人「馬鹿だなあ。明日から3000円で売れ！」
店主「え？　いや、だって、相場は……」
勝人「防腐剤と香料をたっぷりぶち込んで、セントラル工場で一度に大量生産して、冷凍でワーッと全国に出すからその相場で売っているんだよ。材料費もろくにかけちゃいないからそれでいいのさ。

でも、あなたの店は防腐剤も香料も一切使わず、いい材料で丁寧に作り、新鮮でできたてで最高においしいロールケーキをお客様に提供している。その代わりに1日60本しか作れない。それが辛いのであれば、1本3000円にするか、防腐剤を入れて作り置きで冷凍保存して1000円のまま売るか、どちらかだ」

店主はわなわな震えながら、「味は変えられません」と一言、絞り出すように言った。味と品質で地域のお客様に信頼されているのに、自分たちの都合でそれを裏切ることはできないという意味だ。

私は内心、「よくぞ言った!」と思った。これで味を捨てるようなら、どの道この店に将来はないからだ。そして店主に言った。

「よし決まりだ。3000円で売れ。大丈夫、お客様は離れない。お客様はおいしいから買っているのであって、1000円だから買ってくれているわけじゃないから」

最初は怖がっていた店主だったが、私が少しずつ説き伏せているうちに、ようやく値上げに踏み切った。

そしてどうなったかというと、いまは「店を始めてから何十年にもなりますが、こんなに仕事が楽しいのは初めてです」というくらい儲かっている。

すると、設備投資に資金を回す余裕もできて、厨房も最新設備が入れられるようになる。そうなれば、1日の生産体制は余裕で2倍3倍は作れるようになる。

ロールケーキは相変わらず大人気で毎日売り切れている。家族以外のスタッフも雇い入れることを視野に入れ、いずれお父さんが引退しても、安心して店を続けていける体制が整ってくるだろう。店主の悩みは消えそうだ。

馬鹿なのは変化についていけない経営者のほうだ

この指導先は過去に何が間違っていたのか。それは3つある。

ひとつは値づけだ。自店の商品が他社の商品より段違いに価値があるのに、同じ値で売っていたのがまず間違いだ。1000円で売り続ける限り、厨房を大きくする資金も、人手を増やすための人件費も生み出せない。

2つめが大義の捉え方だ。仮にだが、急にお父さんが倒れて人手が足らなくなり、一日40本しか作れなくなって商売が続けられず店を閉じてしまったら、一番迷惑するのは毎日ロールケーキを買いに来る近所のお客様である。

地域の店の大義は何だ？　品質を落として価格を守ることか？　違うだろう。商品を楽しみにしているお客様に、その商品を届け続けることだろう。ここを履き違えてはいけない。

そして3つめは、価値が高いにもかかわらず値段が安いと、かえってお客様に不信感を抱かせるということである。

その後の店主の話によると、ロールケーキは値上げしてからのほうが評判が一気に広がって、ファンの数が増えたそうだ。値上げしたらお客様が減るとしか思っていなかったからビックリした、と言っていた。

私はこの話を聞いて、「さすが、お客様は馬鹿じゃないな。馬鹿は経営者のほうだ」とつくづく思った。

いつまでも戦後の高度成長期ではないのだ。日本人はバブルも、その後の成熟期も経験して、一般の庶民だって東京に行くし、海外旅行にも行くし、高級ホテルでディナーもする。「いい商品とはどういうものか」を知っているのだ。

それでも店が儲からないのは、経営者の認識が世の中の変化に追いついていないからなのである。

地域のお客様と一体化すると商売が本物になる

これまでの巷のマーケティング理論は、「100円のコーヒーをどうやって1000円で売るか」というような話が多かった。

セミナーなんかでよくあるじゃないか。上品なスーツを着たコンサルタントが、ボールペンをつまんで目の前でヒラヒラさせて、「この100円の缶コーヒーを1000円で売るとしたら、皆さんならどうしますか?」と課題を出すようなシーンが。

それでみんなが「うーん」と考え込んで、出てくる答えは、「砂漠に行って喉が乾いている人に売れば、1000円でも売れます」とか、「まだ知られていない地方に持っていけば、珍しいという価値観で1000円でも売れます」といったようなものばかり。

そんなもの、私に言わせれば、その問い自体が「馬鹿も休み休み言え!」だ。

100円の缶コーヒーは100円で売れ。100円が適正価格だと知っているものを1000円で売ろうとするな。ここは砂漠でも、情報が遮断された地方でもない。詐欺師みたいなことを平気で他人に教えられるな。

地域に根ざす中小店は、そんなアコギなことはそもそもできない。物価も消費者の価値観も全然違う海外の遠隔地相手に商売するのならともかく、近所の人たちが毎日店にいらっしゃるのだ。馬鹿なマーケティングの理屈を広めないでほしいとつくづく思う。

先の洋菓子店も、逆の意味でやっぱりダメだ。本来であれば3000円のロールケーキを1000円で売ってはいけない。

お客様がいくら喜んでくれても、それで自分の首を締めて店をたたむはめになってしまっては何にもならない。ロールケーキならロールケーキの、その地域における文化を自分たちが担っていることを考えたら、**適正価格で営業利益率も10%以上を確保して続けていく**のが、結局は一番正しい道である。

だから、この機会にあなたも、「もしかして？」と考えてみればいいだろう。

もしかして、本当は3000円の価値があるのに、1000円で売っている商品があるのではないか？ 100円が適正価格なのに、何かの思い違いで1000円で出してしまっている商品があるのではないか？

それらを見つけて値づけを見直すだけでも粗利が改善されるはずだ。

地域のお客様にとって、あなたの店が繁盛し続けることがどんな意義を持つか。

その大義を常に意識しよう。そうやって地域のお客様と一体化すれば、商売が本物になってくる。

HINT

地域の商売は、お客様とのだまし合いじゃないんだよ。お客様は、一緒に商品の価値を見出す仲間なんだ。

繁盛法則 05

商品の新しい楽しみ方を提供するのも店の役割だ！

店の限界にとらわれず、お客様から学べ！

私たちは「商品」のプロになるべきだと述べた。しかし、もちろんそれはプロだからといって、お客様から学ぶものは何もないという意味ではない。商品の「楽しみ方」についてはお客様に学ぶことも非常に多いからである。

同じｉＰｈｏｎｅでも、ユーザーによって入れているアプリが全然違うのと同じように、**地域のお客様１００人あたり１人しか知らない商品の楽しみ方がまだあるかもしれない。**それを引っ張り出してきて学んで、残り99人に知らせてあげるのも、中小の小売店の大事な役割だと私は思う。

もし、それでその楽しみ方が地域に広まれば商品の新しい文化になるし、それを知っただけでも99人のお客様にとっては刺激的だろう。

お客様が育つとはどういうことかと考えたときに私が思い出すのは、「サブウェイ」が日本に初上陸したときのことだ。あれはちょっと驚きだった。

それまでの日本の消費者は、「好き嫌いを言うのはわがまま、食べ物は出されたまま食べなさい！」とずっと教えられてきた。

だから、初めてサブウェイのカウンターで、

「パンのタイプはどれにされますか？　ピーマンは入れますか？　ピクルスは入れますか？　ソースはどれにしますか？　マスタードは通常のようにお入れしてもよろしいですか？」

と、次々に好みを聞かれ、質問されて面食らった。

最初は「面倒くさいから、そのまま出してよ」とも思ったけれど、私の前に並んでいる外人さんはピクルスを抜いてほしいだの、マスタードは少なめだの、イチイチ事細かく注文している。

なんだかそれが格好よく見えてきて、私も見よう見まねでピクルスを抜いたりアンチョビを増やしたり、ソースを毎回変えてみたりしているうちに、段々あの注文スタイルに慣れていった。

このサブウェイでの体験は、私にとって「自分の好みで注文をカスタマイズして食べる楽しさ」を初めて知ったと思うくらい衝撃だった。その意味では、サブウェイはお客様を

育てていたと言えるだろう。

「遠慮せず自分の好みを言ってね。あなたのエゴを出していいんだよ」という姿勢を店のほうから積極的に見せることで、お客様の自由な意識を目覚めさせようとしていたのかもしれない。

同じことがスターバックスにも言える。私はそこまでしたことはないが、好きな人は「ツーショットでスチームミルクを入れて……」というカスタマイズを5つも6つも注文する。

昔の飲食店なら、カスタマイズするだけで特別料金をとったところだが、スターバックスはそうしない。「コーヒーという商品の文化を社会に広め、コーヒーの楽しみ方を顧客と一緒に追求していく」というところに自分たちの事業の目的を置いているからだ。

サブウェイもスターバックスも、いま盛んに言われている「利便性消費」にとどまらない、真逆の発想である。私には、店舗型ビジネスの未来は利便性消費ではなく、サブウェイやスターバックスが実践している「お客様に商品の可能性を自由に探究させる」やり方のほうにあると思えるのだが、皆さんはどう考えるだろうか。

朝買わなかったからといって、夕方買わない理由はない

もしかしてあなたは、**「お客様にはお客様のタイミングがある」**という単純な事実を見逃していないだろうか。

たとえばサトーカメラのような地方の写真・カメラ販売店。朝の時間帯に来るお客様は基本、高齢者だ。プリントを取りに来たお客様にカメラをお勧めして「いらない」と言われれば、顧客情報の「カメラ購入の意思」の「有・無」欄には、「無」のほうに丸をする。それが普通の反応だ。

しかし、昼過ぎになってそのお客様が慌てて、朝にお勧めしたカメラを買いに来た。「朝いらないって言ってたのに、なんで？」と思って理由を尋ねたら、お孫さんから電話があって、「今週また遊びに行くから、今度はもっといい写真を撮って」と言われたそうだ。それで慌ててカメラを買いに来たわけだ。

朝に「ノー」だったお客様が、昼過ぎには「イエス」になる。朝令暮改のことわざでは

ないが、お客様にはお客様のタイミングがあるのである。

しかし、店側はこの単純な事実になかなか気づかない。一度「ノー」と言われたら、その人はずっと「ノー」だと思い込んでしまう。

思い込みから抜けられない店ほど、いらないと言われたら、「じゃあ、2万円のところを特別に、1万8000円にしますから」というような的外れなご案内をしてしまう。

接客がマニュアル化されすぎている店や顧客管理をデータに頼りきっている店も同じだ。利便性推しの店にいたっては言わずもがな。

いずれも問題は、**生のお客様に向き合っていない**こと。これに尽きる。

もっともっと、目の前のその瞬間のお客様に興味を持とう。それが顧客と一体化する第一歩なのである。

HINT

ビッグデータだけでは通用しない時代、お客様だって個々を認めてほしいと主張しているんだ。

繁盛法則

06

常に新しい価値を探していけ。同じ商品でも売り方は無限にある！

新しい売り方を見つける瞬間　～アニバーサリープリント誕生秘話～

繁盛のつくり方を考えるときに大事なことは、**「いかに画一化の中に眠らせないか」**だ。それはお客様の側の商品の楽しみ方に対してだけではなく、店側の商品の売り方についても同じことが言える。つまり、「いっぱい売れた売り方が正しい」だけではなく、「たった10個しか売れなくても、この売り方はすごい」というふうに少数派も汲み取る考え方であるべきだ。

サトーカメラはこの点を徹底している。たとえば、10個売れた売り方、100個売った売り方、1000個売る売り方があったとして、収益への貢献度の大小は評価するが、1000個売った売り方が10個売った売り方よりも正しいという考え方はしない。どの売り方も可能性としては同等に扱う。その結果、私も把握できないほどたくさんの売り方のパターンが現場で生まれているが、それでいい。

いままでのチェーンストア理論は、売り方を標準化することで、ワンパターンになる代わりに、品揃えの品目を増やして成功してきた。

しかし、顧客一体化戦略の基本はそうではなく、商品はマス商品に絞りつつ、地域のお客様全員に買ってもらうために売り方を増やす。あるスタッフの売り方が10個しか売れない少数派の方法でも、それに光るものを感じたら、その少数派の嗜好を分析して本質の部分を引っ張り出して全店で共有する。

その少数派の嗜好で10倍、100倍売れる売り方に育てるのも経営陣の仕事だ。現場にはお客様の本質的欲求にとことん寄り添うことだけを考えさせるべきである。そこに私たちの突破口があるからだ。

サトーカメラで実際にあったケースを紹介しよう。

うちで一番おっとりしたアソシエイトの例だ。私が店舗に行って数字を見ると、彼が高額の大伸ばしプリントを相当売ったようで、売上が昨年対比4倍くらいになっていた。

これはすごいと思って、「どうしたの、これは?」と店長に聞くと、「たまたま、いいお客様が来たんですよ」と言う。「いいお客様が来たのはわかるけど、それがどうなってあんなに売れたのか?」と突っ込んで質問しても、店長は「偶然ですよ」とか、「運がよかったとしか言いようがない」と言うばかりで要領を得ない。

それで、私は対応した彼を直接呼んで、

「何があったの？」

と聞いた。彼は、

「いや、たまたまというか、いいお客さんが来てくれて……」

みたいなことをゴニョニョ言っている。私が、

「いいお客さんって、どんな感じのお客さんだった？　どんな接客をしたの？」

と聞いてもうまく説明できない。

それで結局、そのときの現場を再現してみることにした。売り場に行って彼を立たせて、私がそのお客様の役だ。

「どういうお客様だった？　年は？　50代半ばか。体格は？　そうか、じゃあこんな感じだな」

というように、店に入ってくるところから思い出させて、再現ＶＴＲのように現場検証をさせた。

すると、お客様の撮影した写真を一緒に見るところまでは別段変わったことはなかった

が、ある1枚の写真に対して、彼が「これいい写真ですね！」と言ったときのお客様の反応が、他と明らかに違っていたそうだ。

「反応が違ったって、どんな反応だったんだ？」

「『そうなんだよ！』ってすごく喜んでいました」

「すごく喜んでたって、それどういう写真だったか思い出せるか？」

「ご本人ともう1人、上品な年配の女性が並んで写っていました。だから『この人誰ですか？』って聞いたんです。そうしたら『皇室の方なんだよ』って。それでぼく、『皇室の方ですか。すごいですね、じゃあこれを大きく伸ばしましょうよ。あんな感じで』って、思わずお勧めしちゃったんです。あそこの、あの超特大の大きなプリントサイズを」

そう言って、彼は1枚5０００円相当の超特大プリントが貼ってある見本サイズを指さした。

注釈を加えておくと、我々プロの認識では、1枚5０００円クラスの超特大プリントは、よほど写真技術のあるプロの写真家レベルで、しかも相当気に入った作品でないと指定しないサイズ。だから月間でも数枚注文が入るくらいだ。

また、プリントサービスのお客様1人あたりの平均単価は、大体1０００円～2０００

円くらいで、たった1枚で5000円なんていうサイズの写真は滅多に注文されない。あるとしてもよほどの傑作、プロの作品レベルのものだ。

そのお客様の写真や撮ったカメラ機材も、ハッキリ言ってそういうレベルにはない、普通の記念写真だったらしい。でも、写真に写っている本人がうれしそうで、相手も皇室の方だというので、彼はせっかくならいいプリントで大きく残してあげようと思って1枚5000円の超特大サイズを勧めたわけだ。

「そうしたら、『じゃあ、あれにするわ』って悩まずにサクッとご注文してくださって。他にもいいなと思う写真は、超特大サイズで注文してくださって。最終的には、全部で30枚くらいになっちゃって」

「おい、待て待て。君さあ、途中でおかしいと思わなかったの？　1枚5000円の写真プリントを、1人でそんな、しかもプロレベルの作品ではなく記念写真程度で、普通ならば何枚も選ぶわけないじゃないか。私だってこの道30年も写真屋をやってきて、こんな超特大サイズのプリントを、一般のお客様がそのレベルまで伸ばしていい写真は頑張ってみたところでせいぜい1枚か2枚あるかないかだよ。そのお客さんは君が指を差した超特大サイズの下に貼ってある1枚500円のプリントと勘違いしているかもしれないと思わなかったのか?」

そう聞くと彼は、

「ああ、そういえば、そうとも考えられますね」

という答え。

とにかくそれでずーっと一緒に写真を選んでもらって、最後にレジで精算したら17万円にもなったのだという。

一般のお客様の写真代が17万円というのは、いままでの私たちの常識ではちょっとありえなかった。でも、そのお客様の反応は「結構いっちゃったな〜。ちょっと待ってて」と言いながらもうれしそうで、駐車場の車から鞄を持ってきて、現金で払ってくださったという。

「だから、本当に運がよかったんです。感謝しかありません」

と、彼は相変わらずそればかり。だから私は、

「はぁ? 違うだろ! いいか、もう1回やるよ」

と、また初めから再現させながら現場検証をした。

それで一緒に写真に写っている「皇室の方」のシーンまで来たとき、その年配の女性とは一体誰だったのか、特徴をいろいろ聞いて画像検索で調べた結果、「あ、この人です」となったのが、なんと、皇后美智子陛下だったのだ。

「君なぁ、日本人ならば美智子陛下の顔くらいわかっとけよ。この方はただの女性じゃないんだよ！」

と、笑い話みたいなオチだが、実際にあった話である。

確かに、美智子陛下と一緒に写った写真ならば特別な想い出となるだろうが、それにしてもプロの写真家でもない普通の人が17万円分の超特大プリントを注文するなんて、誰が想像するだろうか。

私たちは何十年もこの仕事をしているせいで、いままでの経験値の積み重ねによって勝手に傾向と対策、それに合わせた予算までも決めつけてしまうクセがある。勝手にプロ目線の作品意識になってしまい、超特大サイズの写真プリントという商品の捉え方が、一般のお客様から離れてプロ視点に偏っていたのだ。

写真の楽しみ方はお客様しだいであって、写真というものは本人の想い入れが強ければ強いほど、撮り方がうまいか下手かという次元に関係なく、大きく写真を伸ばしたい、大きく伸ばして飾りたい、大きく伸ばして残したい、大きくプリントしたいものなんだということに気づかされた瞬間だった。

このケースから学び、その後、「超特大プリントサイズ」から「アニバーサリープリント」と商品名を変え、記念日プリントとして新しく商品化した。現在では、月平均１００万円ほど売り上げる商品に生まれ変わっている。

彼の成功事例を、もし「そのお客様が特別だったから。感謝です」で済ませていたら、この新しい視点の発見はなかったし、もちろん売上も上がらなかった。

私たちはカメラ・写真のプロだが、うまいか下手かだけで写真を評価してしまって、普通サイズのプリントしかご案内できなければ、**お客様にとっては一生ものの価値がある1枚が、店側の認識の限界によって埋もれてしまう**。

「商品」のプロになることは顧客一体化戦略の第一歩だが、そこで終わりではない。同じ商品でも「新しい視点＝新しい価値」を探して、新しい「売り方」を常に模索すべきなのである。

BtoBもお客様から学べ！　～酒販店の配送車、雨の日の傘事件～

店側の認識の限界についてもう1つ思い出す例がある。こちらは対一般消費者ではなく、対取引先の例だ。BtoBもBtoCと一緒で、「学び」は常に現場からだということを示すのにちょうどいい例だから紹介しておこう。

私の指導先の酒販店の話だ。酒販店という業態は店頭販売ももちろん大事だが、外商で売り上げる部分がかなり多い。その日もその酒販店の従業員は、配達用のトラックで得意先の飲食店に商品を届けて回っていた。

ある得意先に向かう途中、雨が降り出した。ゲリラ豪雨みたいな激しい雨だ。目的の店に到着して荷下ろし作業を始めたが、ちょうどそのとき、道を挟んだ反対側の建物の軒先に、別の得意先の料亭の女将がいたらしい。時間は午後3時前とかそのくらいで、銀行に行くところだったのだろう。

急に雨が降ってきて軒下に入ったが傘がない。まずい。銀行に間に合わない。和服で濡れて走るわけにもいかないし、どうしよう……と困っていたところに、馴染みの酒販店のトラックが乗りつけた。

女将にしたら「助かった！」と思うだろう。それで、

「○○さーん！　こっちこっち！　助けて！」

と、手を振って呼んだ。でも、降りしきる雨の中での作業中、酒販店の従業員だって時間と雨との戦い中。その従業員は女将の存在に一切気づかず、道の向かい側で商品だけ下ろしてさっさと行ってしまったのだ。


そこで頭にきたのは女将だ。女将は本社にクレームの電話をした。

「何よ、あんたのとこは！　挨拶もなしで私を無視して。年間いくら買ってると思ってるのよ！」

と、まあ、言葉遣いは私の想像だが、感情的になっているタイミングだったから荒かったらしい。すると、その酒販店の社長は、

「あの女将の店はもう取引停止にしよう」

と言い出した。あの女将は昔からうるさいから、と。

「私たちだって取引先を選ぶ権利がある、客を選ぶ権利がある」とかなんとか言って、ど

こかで覚えてきたようなマーケティング論のようなことを言い出したのだ。

私は指導に行ったときにその話を聞き、社長に問い詰めた。

「社長はマーケティングの本を読みすぎだと思いますよ。勘違いしないでください」

金曜日の午後3時、その女将はどういう気持ちだったと思うか？　店が始まる前に銀行の用事を済まそうと思って外に出た。そうしたら急に雨が降ってきた。うわあ、どうしよう、傘を持っていない。軒下から動けない。でも、早く行かないと銀行が閉まってしまう。場合によっては約定日か何かで、絶対に間に合うように行かなきゃいけなかったのかもしれない。

そこに御社の配送トラックが目の前に来たわけだ。女将は「助かったあ～！」と思っただろう。配送トラックと御社の従業員が救いの神に見えた瞬間だ。それなのに目の前で無視されたら、どういう気持ちになるだろうか。ハッキリ言ってムカつくだろう。怒るのが普通だ。

私が社長の立場だったらこう言っただろう。

「女将さん、それは申し訳ございませんでした。うちの従業員の○○くんも気づかず、本当に申し訳ございません。女将さんのお叱りをもとに、あれから社内で話し合いまして、これは女将さんだけの問題ではなく、同じようなお客様もたくさんいらっしゃるだろうと考えました。その結果、当社はこれから、配送トラック全車にビニール傘5本を積んで回るようにすることにしました。

今回は本当に申し訳なかったのですが、次こそは女将さんをはじめ、女将さんと同じようなお得意様を助けられるようにしますので、今後とも何卒よろしくお願いします」

配送トラックにビニール傘を積んでいれば、従業員だって、雨が降ってきたら駐車中あたりの軒下に気を使い始める。そこで雨で困っているお得意様を見つけたら、ビニール傘を持って走っていって、「どうぞ使ってください！」と差し出す。そしたら、「本当に助かったわ。いつもお世話になってありがとう」と感謝されるだろう。こうしたことが店の伝説を作るということだ。

サービスを作り出すというのは、本社や本部の会議で考えるのではなくて、現場で起きている問題や苦情、小さなクレーム1つから新たに考えるのだ。うるさいと思うお客様の、その一言から学ぶ。その瞬間に新しいサービスが生まれるのだ。

会社にとっては小さな問題かもしれないけれど、その現実的な問題を排除していたら新しいサービスなんて生まれない。

「お客様と向き合え」などとよく言われるが、私に言わせれば、まだまだ目の前のお客様が見えていない。ちゃんと向き合えば目の前の地域にお客様はまだまだいるし、売り方もまだまだ見つかる。新しいサービスも生まれるし、新たにサービスも改善できる。

そこに気づくか気づかないかは、経営者のあなたが現場とお客様のことを見ているかどうかで変わってくる。

泥臭い問題を漂白剤で変にキレイにしないでほしい。「この枠の中で自分だけが楽しめればそれでいい」という姿勢からは何も生まない。

時に、「これは……」と思うお客様も出てくる。それは、ロールプレイングゲームで新しいモンスターが出てくるようなものだ。そのときに、いまのマーケティング理論は、モンスターを排除して雑魚キャラだけを相手にするほうが手っ取り早い、と教えているようなものだ。

だが、そんなゲームで満足か？　私は満足できない。この本を買ってくれたあなたもきっとそうに違いない。

HINT

お客様を選ぶような商売の裏側には、お客様から選ばれる商売があるんだよ。

3章

お客様に「本物の楽しさ」を提供してモノを売れ！

繁盛法則

01

利便性消費も物語消費もコト消費も、全部取り込んで新しい価値を創造せよ！

「これからは利便性消費だ」という欺瞞

「モノが売れない」という話とセットで必ず言われるのが、「これからは物語消費だ」「コト消費だ」という説と「これからは利便性消費だ」という説だ。

このうち利便性消費については、誰が言い出したかがはっきりしている。野村総研のデータで発表された。私は初め、野村総研がどうしてあれほど熱心に利便性を推すのか、その理由がわからなかったが、コンビニが小売業界で一人勝ちするのを見て「なるほど、システム投資をさせたいのか」と合点がいった。

システムの導入で最も効果が出るのは、省力化・無人化の分野だ。流通小売（コンビニ・スーパーマーケット等）はそれらが利益に直結する業種の筆頭格である。それに続くのがガストやスシローといった郊外型大手外食チェーンだ。

いまの世の中の変化は、システム屋がシンクタンク企業と組んで仕掛けていると考えればすんなり腑に落ちる。

社会のあらゆる場所でグレーの部分が減り、学校でも企業でも「教育」や「管理」に関わる部分がどんどん画一化・システム化されている。世の中全体が文化もへったくれもない方向に進もうとしている。この状況で私たち地域の店舗型ビジネスの立ち位置はどこにあるだろう。

１０００店舗のチェーンストアを目指さないのならば、地域の店舗型ビジネスに必要なのは、少なくとも利便性の追求だけでないことは確かだ。それよりも、いかにお客様の「楽しい！」や「面白い！」「すごい！」を見つけて引っ張り出せるかが、これからの時代の地域の店舗の役割になると思う。

ただし、それはあくまでも「商品」を通して、だ。「物語消費」や「コト消費」だけでは、マス商品がお客様の人生を変えるほどの力はない。

だからやはり、**我々はもう一度商品と向き合い、「モノ」を売っていこう**。その商品の新しい「楽しみ方」、そして「売り方」を、積極的にお客様と一体化することで開拓しよう。

手間も時間も労力もかかるからチェーンストア理論で動く大手は絶対にやらないが、これこそ文化の創造だ。地域店の生きる道はここにある。

「使用価値」と「経験価値」

そうはいっても、もうメーカーの言う通りに性能・機能だけを案内していればモノが売れる時代ではない。

昨年の春、ある大手スポーツ用品メーカーで講演をしたときのことである。部課長クラスの方々が集まって新製品の1万5000円のランニングシューズについて話をしていた。横から聞いていると、クッションがどうのこうの、素材の品質がどうのこうの、この面のカーブがどうのこうの……。どこまでいっても性能・機能の話ばかりだ。

もちろんそれもわかるのだが、私は不満だった。ユーザーはそのシューズを履いてマラソン大会に出るわけだ。いまは大きな大会だとエントリーするのにそのシューズと同じぐらいの値段がかかる。モノがなかった時代ならば、大会に出るよりシューズを新調することを選ぶ人のほうが多かったかもしれない金額だ。

それから数十年経ったいまは、大会にエントリーしても抽選倍率10倍以上はザラで、9割以上の人は出たくても出られないのが普通になっている。そんな時代にシューズを売るのに、まだ性能や機能だけで話が成り立つつもりでいる。時代錯誤も甚だしい。

性能や機能は**「使用価値」**である。テーマによっては「経済性価値」という言葉で説明されることもあるが、要するに商品そのもののメリット。マズローの欲求5段階説でいえば、「生理的欲求」「安全の欲求」を満たすメリットだ。

一方で、**「経験価値」**もある。経験価値は商品そのものにとどまらず、その商品でどんな楽しい経験ができるかがユーザーのメリットだ。もし仮に「抽選に必ず当選するエントリー票」という商品があれば、その経験価値は、マズローの欲求5段階説でいう「帰属の欲求」や「尊敬の欲求」「自己実現の欲求」を満たす。

もちろん、抽選の不正を商品化するわけにはいかないが、これからの時代のメーカーは何らかの形で「帰属の欲求」や「尊敬の欲求」にアピールする製品を作っていくことになる。また、作っていかなければならない。

近年になって芸術性やデザインを重視したモノづくりが徐々に増えているのは、メーカーも経験価値を意識し始めた証拠だと見ることもできる。

であれば、それを売る私たちも、これからはやり方を変えていかなければならない。

だが、その方向が利便性だけでいいのだろうか？　利便性はどこまでいっても使用価値にしかならない。

これからのマスの欲求に応えるもの——芸術性、文化的価値、個性——が利便性消費と矛盾することくらい、少し考えればわかることだ。

こんな大手の仕掛けにだまされるな！　私たちは私たちの方法論を持とう。「顧客一体化戦略」はまさにその方法論になると思う。

HINT

日本一のチェーンストアより賢くなければ、地域一番店はできないよ。

繁盛法則

02

リアルな接客でお客様のスイッチをONにしよう!

お客様のスイッチを入れるのは経験者の生の声

私に言わせれば、そもそも利便性などという原始的な動機だけで人を動かせると思うのが間違いだ。利便性消費とはつまるところ、お客様が購買行動にいたるまでの動線をよくしようという話だ。

しかし、**いくら動線を整えても、スイッチが入らなければお客様は動かない**。そしてお客様の心のスイッチを入れられるのは、その商品を経験した人の生の声だけである。

私の実体験で説明しよう。

私は1年前から近所のスポーツジムでパーソナルトレーニングを続けている。きっかけは私が全国で行なっている公開コンサルティングの「勝人塾」に来ている社長が、パーソナルトレーニングで肉体改造に取り組んでいたことだった。

彼からパーソナルトレーニングを始めたと聞いたとき、私は正直、馬鹿にしていた。私もライザップのCMの影響で興味は持っていたが、会費だけ取られて続かないとか、一時的には痩せてもリバウンドしてしまうとか、否定的な情報も聞いていたから迷っていた。

でも、あれほど太っていた彼が、始めてから半年後には痩せてきて、筋肉もついてきた。

そこで私は、

「パーソナルトレーニングって、本当にいいの？」

と聞いてみた。

「いいです、いいです。お勧めです」

「またまた、そんな、乗せられちゃって（笑）。けど高いじゃん」

「いやいや、私の通うジムでは、1時間5000円～6000円でできるんです」

「ふーん。そんなもんかねえ」

私は「1時間6000円か……。ライザップとかと比べてすごい安いけど、実際どうなのかな」とイマイチ理解できない気持ちだったが、彼は私にお構いなしで自分の経験を熱く語っている。自分がいかに最初ダメダメだったか、周りと比べてどんなに恥ずかしかったか、そこからどう変わっていったか。

彼があんまり熱心に語るから、私も最後は「試しにやってみるかなあ」というくらいの気持ちになって地元の栃木に戻ってきた。

そして、いつものように20年も通い続けている近所のジムに行き、いつもの受付カウンター脇のお知らせコーナーをふと見ると、「パーソナルトレーニング、30分2700円」という貼り紙があった。明らかに昨日今日のものではない。ずっと前からそこに貼られている感じだった。

私は「あったー！」と、ビックリした。やってみたいとずっと思っていたのに、なぜ、これが今日のいままで目に入らなかったのか。

思い当たる理由は、**「実際に経験して感動した人の話に心を動かされたから」**。それしかなかった。

カッコつけず正直に話すから引き込まれる

また彼が「しくじり」、つまりネガティブな体験から話してくれたこともよかったと思う。

「だけど、最初はツライんですよ。最初はただのバーから。重りなんてつけられないですよ。周りの人がこんな大きいのをつけてガンガン上げてるのに。自分はウェイトなしの棒ですよ。それだって何回もできないんです。もう、カッコ悪くてねえ」

「本当、惨めだったんですよ。だけども、そこから頑張って、ウェイトをつけて上げられるようになったんです。もっともっと増やせると思っています」

彼の話を思い出しながら臨んだ、パーソナルトレーニングの初回。私も、バーしか上げられなかった。横からトレーナーに励まされてやっと目標回数を上げ切ったが、本気で死ぬかと思った。

それで「彼の言った通りだ。すごくカッコ悪いじゃねえか」と思いながら、一方ではこんなふうにも考えた。

もし彼がカッコをつけて「いま100kg上げてます」とか「最初から余裕でしたよ」というような成功体験ばかり話していたら、どうだったろう。私は心を動かされただろうか。彼がネガティブな体験も含めて正直に話してくれたから、彼の経験談に引き込まれたのではないか。

「1カ月で10kg痩せる」とか「体脂肪率が1桁になる」とかいうのは商品のスペックだ。スペックは使用価値であり、見せられる側にとってはただの情報に過ぎない。

テレビやネットを見ていれば、そんな情報はいくらでも入ってくる。私もライザップの影響で3年も前から散々インプットされていたはずだ。それでも始めるきっかけがつかめなかったのに、経験した人から生の感動と一緒に聞いたから、自分の中でスイッチが入った。カッコ悪い部分も一緒にさらけ出されたから、その人の感動に引き込まれた。

こんなリアルな接客は、チェーンストア理論の大手には絶対に無理だ。中小の店舗にしかできない。「顧客と一体化するというのはこういうことか！」とあらためて学んだ出来事だった。

HINT

サトーカメラではお客様同士が仲良くなることもしばしば。店側が“つながる”きっかけ作りをしているのだ。お客様を“囲い込む”時代はもう終わりだ。

繁盛法則

03

顧客同士が勝手に一体化してくれる。店は化学反応を起こせ！

顧客が顧客に商品を売ってくれる⁉

人は誰かの経験した感動にスイッチを押される。すると面白いのは、お客様に商品を買わせることができるのは、必ずしも店のスタッフだけとは限らなくなるということだ。

1章でサトーカメラがポイントカードを使っていたときの話をお伝えしたが、ポイントカードを運営していると自然に、ゴールド会員、シルバー会員、ブロンズ会員……というふうにお客様をクラス分けするようになる。

ゴールドの上はプラチナ会員とかＶＩＰ会員とか、とにかくお客様に序列をつけるようになる。そうしておいてからＶＩＰご優待の販促イベントを催し、ＶＩＰ同士刺激し合ってもらうことで購買につなげるのが、いままでのマーケティングの常套手段だった。

しかし、これはカードを使っていた当時のサトーカメラの実感から言えるのだが、たとえば**年間購入額が１００万円以上のＶＩＰ同士を集めても、特に話も何も盛り上がらない**。相手も同じレベルだと思うと、プライドが邪魔してお互いにあまり交流しないからだ。

ところが、仮に年間100万円使うAクラスのお客様と、3万円しか使わないBクラスのお客様を想定して、両者が一緒になるとどういうことが起きるのか。

Aの人は当然いいカメラを持っているから、自分たちの100万円のカメラをBのお客様に自慢する。ショーウィンドウで見て一目惚れしたときの話とか、購入した当初は使いこなせなくてイライラした話とかもひっくるめてだ。

するとBの人は3万円のカメラを買いに来たはずなのに、

「すごい、私もこんなの使ってみたい！　すみません、やっぱりいまのはナシで、こっちの30万円のカメラお願いします」

という展開になる。

また、大体においてAの人のほうがそれなりにご年配の方が多いから、Bの若い子たちと交流できるのがうれしい。「写真上手ですね！」なんて褒めてもらえたら、なおさらだ。Bの子たちも、自分より上手な人のうんちく話は参考になるし、普段接点がない年長世代の人や自分と違う社会に生きている人の話は新鮮だから、案外面白そうに聞いている。お互いにWin－Winだ。

私は現場でそういう光景を見ると、いつも、「ああ、これが日本的なんだろうなぁ」と思う。差別社会の欧米ではこうはいかない。庶民とセレブが同じ店に来ることなどありえないからだ。

それに比べて日本は平等の国だ。金持ちも庶民も公平で平等で、老若男女がごっちゃになって同じ店にいる。そこに化学反応を起こさせるのが私たち店側の役割なのである。

HINT

欧米にビジネスを学びながらも、日本のよさを生かして編集していかないと。

繁盛法則
04

新しい売り方は「商品選択のプロ」の腕の見せ所だ！

型落ち品も新製品も自在に売る

お客様が入り混じっているのと同じように、いまの日本は商品も入り混じっている。型落ち品でも新製品よりいいものはたくさんあるし、なんならリサイクルショップの中古品でも結構いいものが置いてある。

諸先輩方が性能・機能を一所懸命追求してくれたおかげで製品寿命が延びたから、自分で納得して買う分には何も問題がない品質のものがたくさん流通している。

なのに、ここでも店側の認識がユーザーの変化に追いついていない。

ユーザーはもうとっくにネットもリサイクルショップも駆使して自分の欲しいものを見つけて買っているのに、店がいつまでも新製品至上主義にしがみついてどうするのだ。

メーカーはその辺りは賢いから、「計画的陳腐化」という方法論が昔からある。ようするに、リリースから時間が経って市場価値が下がってきた製品を、パッケージだけ変えて出すようなことをするわけだ。中身は実質一緒で、製品名を変えて店に持って行きさえすれば店は黙って仕入れてくれるものと思っている。松下幸之助は当時、乾電池でそれをやっていたのだから大した人だ。

さらに、それでダブついた型落ちの在庫を激安で買い叩いて、そこそこの値で売ることで伸びてきたのが、ディスカウンターのような業態だ。

ともかく、計画的陳腐化を続ける限り、メーカー側は売上が立つし、新製品との差別化もできるという論法だ。

そうとわかれば、私たちはそんなメーカー都合の陽動作戦にいつまでも付き合う必要はない。

そして実際にそのつもりで見ていけば、型落ちになった前のモデルのほうがお客様に支持されている商品がいくらでもある。差別化のために、不要とわかっている機能もあえてつけて新製品として出すようなことをメーカーはするからだ。

それで混乱させられるお客様こそいい迷惑なのだが、逆に言えば**「商品選択のプロ」である我々の出番がそこで回ってくる**のである。

消費者の購買心理を刺激する一番簡単なフレーズは、「安い」「新商品」の2つだ。そんなことは現場の私たちはよく知っている。

だが、メーカーが計画的陳腐化をやめないことを言い訳に、お客様に対して不誠実な売り方を続けることが正しいとは思えない。

商品選択のプロである私たちの役割は、新商品も型落ち品も関係なく、お客様の欲求の本質に合わせて最適な商品を自在に提供することにあるはずだ。

日本は戦後ずっと製造業の主導で産業を育ててきた。経団連の歴代会長が、一部の例外をのぞいて全員メーカー出身なのがその象徴だ。だから世の中はメーカーが正しくて商人はインチキだと思っている。例の「メーカー神話」というやつでそう思い込まされている。

私はそれが歯がゆくてたまらない。この現状は地域に根ざす商売を続ける私たち中小の店舗にしか変えられないはずだ。

チェーンストア理論に飲み込まれるな！　利便性消費にだまされるな！　計画的陳腐化に踊らされるな！　私たちは商品選択のプロらしく、千利休のような目利きで、型落ち品も新商品も自在に売っていこう。

1つの商品に25の商機。顧客と一体化して商品の楽しみ方を増やせ!

さて、ここで考えてほしいのだが、モノが売れなくてキビシイキビシイと嘆いているあなたは、店頭で新品を売っているだけではないだろうか。

商品のサイクルは、おおよそ5つに分けられる。

1. **新品**
2. **レンタル**
3. **中古**
4. **買取**
5. **修理**

次に、販売の場面を5つ示してみる。

A. **店頭販売**
B. **催事販売**

図2　1つの商品に25の商機がある！

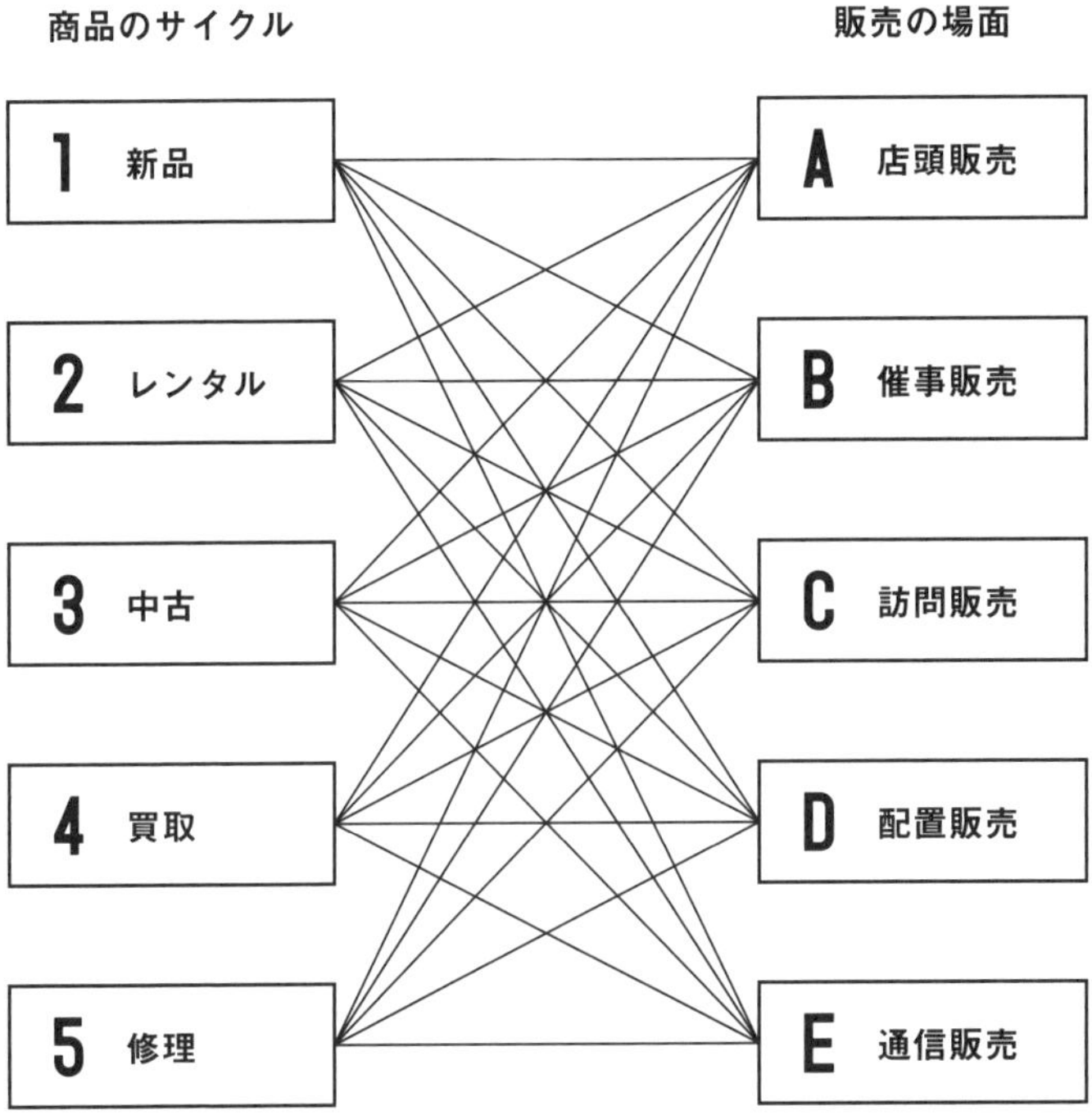

同じ新品の商品でも、販売の場面によって売り方は変わる。
「商品のサイクル」×「販売の場面」の組み合わせで、新しい売り方を探してみてほしい。

C. 訪問販売（外商）
D. 配置販売
E. 通信販売

あなたは、1-Aのラインだけで勝負していないだろうか？**商売を「組み合わせ」で捉えると、1-B、1-C、1-D、1-E、2……というふうに、25通りもの組み合わせがある。**

つまり、1つの商品に25の商機、25の繁盛のもとがあるということだ。

これらを自社で全部やっていこう。自社の商圏、自社の地域の中で商品をどんどん回していこう。

サトーカメラでは、いままでレンタルだけは十数年前に途中で頓挫してしまったのだが、時流も変わり、近いうちに再度チャレンジするつもりだ。

レンタルは一種のシェア経済。うまくやれば、いい意味で時流に乗ったビジネスができるだろう。

３章１項で述べた商品の「経験価値」で考えるなら、キヤノンのＥＯＳ　６Ｄをレンタルしてくださったお客様専用のフェイスブックページを立ち上げて自由に投稿・交流していただくとか、「ＥＯＳ　６Ｄ攻略塾」みたいな写真教室を開くなど、面白そうだ。

「サトカメ杯ＥＯＳ　６Ｄ撮影コンペ」を開催してもいいかもしれない。カメラが同じだと腕の勝負になる。自動車のワンメイクレースみたいで盛り上がるだろう。

そしてそれらの盛り上がりを全部自社のビジネスに取り込んでいく。６Ｄを攻略したお客様に上位機種の５Ｄをご案内したり、レンタルの途中で欲しくなったお客様には新品を売ることもできる。使い方を覚えた後だから、いきなり購入するよりも喜ばれるのではないかと思う。

こんなふうにお客様と一体化していけば、商品の楽しみ方は必ず増やすことができる。25通りの売り方をフル活用して、その商品の文化を地域に広げてほしい。

HINT

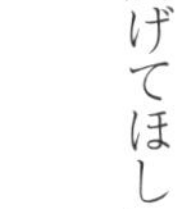

あなたの町では25の業態が入り乱れて、1つの商品を売っている。その商品で地域一番を目指したければ、まずは地域でその販路を広げていくことだ。

繁盛法則

05

お客様が商品を買わなくてもＯＫ。地域の人が毎日集まる場を生み出す！

お客様が遊びに来てくれる店になる

さて、そろそろこの章も終わりだ。最後に、3章で述べたことを実現するうえで前提になる大事なことを伝えたい。

それは「場づくり」だ。自分の店が地域の人々にとって、どういう場になっていればいいかということである。

私はその基本は**「お客様が毎日のように集まる場」**になることだと思う。

商品の経験価値も、お客様のスイッチを入れる方法も、老若男女のお客様がごっちゃに集まるよさも、目利き品を駆使する売り方も、お客様が毎日のように店に来てくださるようになって初めて実現できる。

先日お客様と話していてびっくりしたのが、お友達を誘ってサトーカメラに来てくださるときに、SNSで「いまからサトカメに遊びに行くけど、誰か一緒に行く?」という言い方で誘うそうだ。

「買いに行く」ではない、「遊びに行く」だ。スターバックスが「サードプレイス」（家庭や職場ではない、居心地のよい第三の場所）という考え方を謳っているが、お客様にとってはサトーカメラも、「店」というより「誰かと集まって、なんとなく写真好きがワイワイやれる場所」という感覚になっているのだ。

確かに、私が各店を回っていると、どの店にもマスキングテープのオープンテーブルで写真を飾って遊んでいる放課後の女子高生たちや、小さいお子さんをつれて買い物ついでに寄ってくださったお母さんお父さんたちが必ずいて、アソシエイトと歓談している。

また、別のお客様からは「週末になると3店舗も4店舗もサトーカメラを回る」というお話も聞いた。

別に、行った店に目当てのものがなかったから次々に探し回っているのではない。理由は「サトーカメラは同じ商品でもお店によってスタッフがみんな違うことを言うのが面白い。パンフレットや公式SNSにも書いていない本人の感想も出てくるので、スタッフの○○さんの話を参考にしたくて回っている」ということだった。

これは各店のアソシエイトが、それぞれの個性をもとにお客様と向き合っている証拠だ。

私はこれらのお話を聞いて、自分たちのやり方は間違っていなかったと思ってうれしくなった。チェーンストア理論からは絶対に出てこない、地域の中小店だからこその価値を実現できたことを確信したからである。

私が扱う写真・カメラという商品は、人間の生活を文化と芸術の匂いで豊かにするためのものだ。それらを通じて「地域の人々の想い出をキレイに一生残すために」私たちは頑張ってきたし、これからも頑張っていくつもりだ。

そのときに、お客様のほうから「それをできる場の雰囲気が、もうサトーカメラにはあるね」とおっしゃっていただけたのだ。こんなうれしいことはない。

HINT

店のあり方や存在意義……。お客様がいつも私たちに教えてくれる。

4章

繁盛を生み出すスタッフを育てよう！

繁盛法則01

「奴隷化」の人材育成モデルをきっぱり捨てろ！

自社の言いなりを作る人材育成モデルで成長するわけがない

あなたの店はスタッフが何人いるだろう。あなたが1人でいきりたっても店が繁盛するものではない。

そこでこの章では、「顧客一体化戦略」を現場で担うスタッフづくりについて、その基本になる考え方と、サトーカメラが実践している具体的な方法を教えよう。

各地をコンサルティングやセミナーで回っているといろんな質問を受ける。よくいただくのが、「サトーカメラではどんな人材教育をしているんですか?」「どんな指導をすればそんな優秀なスタッフが育つんですか?」という質問だ。

そんなときは「うちで30年、40年勤めてもらうために指導しているんじゃないですからね」と答える。

人材育成に対する私の考え方は、基本的に接客と同じだ。**「どうやったら目の前のこの人間が、自分の本質的欲求に即して成長できるか」**である。そこにフォーカスして育てる。

結果、成長した彼が他社で働きたくなってもそれは構わない。お客様にお客様のタイミングがあるように、彼らには彼らの人生のタイミングがあるからだ。

しかし、世間一般のスタッフ教育はどういうものかというと、甘い汁を吸わせて骨抜きにして、要は自社から出て行けないようにしているものが多いような気がする。「コキャクキョウイク」と一緒で、人材育成も〝上から目線〟なわけだ。褒めて育てる、団結心を育てる、飲み会で社内コミュニケーションを促す、モチベーションがどう、そのマネジメントがどう——全部嘘ばっかり。カタチばっかりだ。

どうしてそうなってしまうのかもわかっている。大企業、特に製造業の育成モデルが、「最初から欲求レベルが高いエリート層が、欲求レベルの低い労働者層をどうやってその、ま、ま使って働かせるか」という発想でできているからだ。

産業革命の時代、イギリスで学校教育が始まった、労働者の質が揃っていないと彼らを使う資本家の工場が困るというのがその理由だったそうだが、それと同じだ。言葉はきついが、要は奴隷化のモデルなのである。

サトーカメラは、奴隷化のモデルで人間を扱うことはしない。軍隊や体育会系のような上下関係で支配するやり方も持ち込まない。「地域の人々の想い出をキレイに一生残すために」という共通の大義のもとに、育成していく。

だから、サトーカメラではむやみやたらに上司は部下を褒めたりしない。もちろん、新人は何もできないのが当然だから褒めて育てるしかないのだが、そういう次元を超えたら、**「どうやったらお客様が喜ぶか＝お客様から褒めてもらえるか」**を考えさせる。

私たち経営陣もアソシエイトに、「上司に褒めてもらうのではなく、お客様に褒めてもらえるように」と教える。そうやってアソシエイト一人ひとりが各自の個性をもとに成長する店にしている。

「奴隷化」の人材育成モデルはきっぱり捨てたほうがいい。大企業による労働力の大量生産・大量消費に加担してはいけない。

スタッフを人間扱いすること。それが人材育成の大前提である「スタッフが成長意欲を持てる店にする」につながっていくのだ。

情報発信で「教育」する

あなたの店は「情報発信」をしているだろうか？

いまはもう普通に求人を出せば入社志望者が集まる時代ではない。そのつもりで、使えるツールは全部使って、情報発信を続けることが重要だ。

店のホームページがあればホームページ、ブログを書いていればブログ。フェイスブックやツイッターはすぐ始められて、しかも無料という超優秀なツールだ。

メディアの取材依頼があればそれも利用する。とにかく使えるものは全部使い倒して、しつこいくらい情報発信をするべきだ。

その次は「何を発信するか」である。

サトーカメラの場合は「教育」を強調している。**「うちに入ったら徹底的に教育しますよ、どこに行っても通用する社会人に育てますよ」**ということを伝える。

実はサトーカメラは、社内恋愛はもちろんだが、アソシエイトがお客様と結婚するケースも多い。お客様のお父さんお母さんは、「サトカメさんで働いている子だから間違いないと思って」と言ってくださる。「なんでうちだとそう思うんですか？」と聞いたら、「だって、しっかり教育してくれますもんね」とおっしゃってくれる。地域では、もうそういう認識になっているのだ。

先日も新人の女性アソシエイトに、なぜうちに来たのか聞いたら、「勉強したいから」という答えだった。

いまは普通の子でも「このままの自分じゃ嫌だ、変わりたい」という気持ちがあるのである。そのアソシエイトは「自分は人見知りでしゃべるのが苦手だから直したい」と続けたので、「だったら、君が会社に金払えっての（笑）。給料もらって自分の苦手克服かよ」とツッコミを入れて一緒に笑ったが、そういう意識の子が増えている。

いまどき給料や福利厚生で人材を釣ろうと思ったら、よほどの差をつけないとアピールにならない。それよりも「教育」。これが私の実感だ。

HINT

いまのままでいいと褒めるだけでは、人は育たない。
いまのままじゃ嫌だと思うから、人は勉強して成長するんだ。

繁盛法則

02

スタッフの成長の先にあるのがお客様から愛される地域一番店だ！

私がこんな考え方をするようになったきっかけ

1章でも述べたように、最初から欲求レベルが高い自己実現型の人材が私たちのような中小の店舗に入ってくることはまずない。彼らは大手に行くか、官僚になるか、自分で起業するかだ。

だから私は、晴れて入社したアソシエイトに最初にこう言う。

「うちにいる人たちはみんなここ（欲求レベル第1、第2段階）からです。それを恥ずかしがらなくていいと思います。商業の世界は、圧倒的シェアを占めるこの層の人たちに喜んでもらうことが基本ですから。

でも、うちにはここ（欲求レベル第3、第4、第5段階）のお客様もいるし、同じお客様がいつもと違う欲求を持って店に来ることもある。その全部に応えていくことが大前提です。お客様の本当の目的にとって一番いい商品を、自在に見極められる目利き人間になりましょう」

振り返ってみると、私自身がこんな考え方をするようになったのは、2000年に経営コンサルタントの仕事を始めてからだった。その前からマズローの欲求5段階説などは勉強していたものの、当時はまだ自分のことしか見ていなかった。「俺はさしずめこの辺りだな」と一人で悦に入っていただけだった。占いでいい結果が出て喜ぶようなものだ。

だから、これをどう活かすというふうにはまだ頭が働かなくて、コンサルタントを始めたばかりの頃は、人材育成で悩む指導先の社長に、「成長しない社員なんかいらん！ 辞めさせちまえ！」と過激な発言もしていた。

そんな中、クライアント先の一般社員の育成を私が指導することになった。本章6項で詳述するが、最初は「なんで私が」と思っていたが、私なりに教え方を工夫して、リーダークラスからパートの女性までを指導しているうちに、「どうして自分は、上も下も含めてあらゆる層の人たちの気持ちがわかるのだろうか」と思うようになった。

そして、「そうか、俺自身もここ（第1、第2段階）の出身だからだ。そこから自分で考えて勉強してここ（第3、第4、第5段階）もわかるようになったからだ」と気づいた。

「お客様」「人材」「成長」は全部で1つ

そこからだ。私の中で**「お客様」「人材」「成長」**という3つの要素が徐々につながっていったのは。

欧米と違って、日本の店舗は地域のお客様がごっちゃに集まる場所だ。だから、一人ひとりの本質的欲求に向き合って成長した人材は、お客様の欲求の全段階を行き来できるようになる。

第2段階のお客様を第3、第4段階の欲求の楽しみ方に自ら気づかせることもできるようになる。すると、お客様からは褒められるどころではなく、「あなたのおかげで世界が広がった。教えてくれてありがとう」と感謝される。

とんでもない、こちらこそ「成長させてくれてありがとうございます」だ。

品揃えを単品に集中させてライバル店に勝つ「一点突破」は、ランチェスターの法則「弱者の戦略」であり、約20数年前、当時、船井総合研究所取締役だった宮内亨氏が提唱した地域一番店商法である。それらをベースにした考え方を自分なりに取り入れて実践を積み上げてきたが、正直なところ、私は、中小企業の全部が全部、あれができるわけじゃないだろうと思っていた。

しかし、最近になって、あの理論の先にはこの境地があったんだな、ということがわかったような気がしている。この境地とはつまり、**お客様と店が「愛―商品―お金―命」のサイクルでつながる関係**のことだ。

サトーカメラはマス商品の写真プリントで地域のお客様を集め、お客様と一緒に写真・カメラのあらゆる楽しみ方を追求してきた。そして、お客様から感謝され、愛される関係になった。

「愛」なんて、そんな恥ずかしい台詞が似合うガラかよ、と自分でも思う（笑）。だから、きっとあなたの店でもできる。これから書くことを、ぜひスタッフと一緒に実践してみてほしい。

HINT

変化の対応は、商品から逃げない、商圏から逃げない、お客様から逃げない商売の先にある。

繁盛法則03

サトカメ流売り方の方程式は【自我】×【打算】×【調和】だ！

嘘も独りよがりもダメ。【自我】×【打算】×【調和】で売れ！

健康美容食品販売会社を指導したときのことだ。現場の販売員が「いらっしゃいませ、こんにちは、ただいまキャンペーン中で……」と一所懸命笑顔で美容飲料を売っている。でも、あまり売れないという。

私は聞いてあげた。

「どうして売れないと思う?」

少し考えた彼女から出た答えは、「値段が高いから」「競合店が安いから」「ネットで買うから」という一般論の羅列。

私はさらに彼女に聞いてみた。

「なんでその商品は高いの?」

すると、彼女は意外なことを言い始めたのだ。

「実は私、これがもともと好きじゃないんです」

という答えだ。

なんでも、味が苦いからダメなんだそうだ。

「その苦い理由はわかってるのか？　好きじゃないからって、商品に興味を持たないと売れるもんも売れないぞ」

「マグネシウムが少し多めに含まれてるんです。マグネシウムは肌つやにいいから、美容にはいい飲み物です」

「そうか。ちなみに、君はそれを何本売らなくちゃならないの？」

「1週間に100本です。仕事ですから頑張ります。苦いなんて自分勝手なこと言ってられません」

「それは大変だよね。売らなくちゃならないけど、自分は好きな商品じゃないって。でも、『この味が苦いから』っていうのが【自我】だ。その自我を否定しちゃダメだ」

「え、は、はい……」

「でも、【打算】があるよね。給料をもらっている以上、売らなくちゃならない。1週間に100本。じゃあ、どうすればいい？　苦いのをおいしく飲もうと思ったら、君ならどうする？」

「実は、ハチミツを2、3滴垂らして飲んでみたことがあるんです。そうしたら苦みが丸くなって結構おいしかったです」

「いいじゃん！　それが【調和】だよ。君の個性と経験から導き出した売り方になるよ。それで売ればいいじゃないか！」


いままでの商業の世界では、「個人の意見なんてどうでもいい」「嘘をついてでもいいから売れ」と教えられていた。

「苦い？　それはあなたの好みでしょ。お客様はあなたの好みなんて聞いていないし、おいしいと感じる人が普通なのだから、あなたもおいしいと言って売りなさい」というわけだ。あなたがどう感じるかなんて関係ない。あなたじゃない、お客さんが飲むのだから余計なことを言わずに商品を売りなさい、と。

既存のコンサルティングも同類だ。とどのつまりは「それが本音だと感じられるようになるまで自己暗示をかけられる」「嘘と本音が区別できなくなるくらい売りまくれ」という理屈だ。野球の1000本ノックと変わらない。だから販売員はメンタルが強くないと、心をやられてしまうのである。

それに対し、私は【自我】×【打算】×【調和】の売り方を教えている。

売り手が本当にそう感じていない売り込みは、お客様に通用しない。自然体の売り方だからこそ、お客様が気持ちよく買ってくれるのである。

私はこの美容飲料の販売員に、「まず『私はこの苦味が苦手だ』とお客様に正直に言え」と指導した。それから、自分はどうやって飲んでいるかをご案内しつつ商品をお勧めしろ、と教えた。

【自我】が個性だと勘違いされることがよくあるが、それは違う。個性はむしろ【調和】（事例の場合は、ハチミツ2、3滴）のほうに現われる。

この売り方は販売員のメンタルにいいだけでなく、彼女と同じ苦手意識を持っているかもしれないお客様に解決策を一緒にご案内している点でも優れている。

この【自我】×【打算】×【調和】の売り方が、現在、「サトーカメラはみんな言うことが違う。アソシエイトそれぞれの意見が参考になって面白い」というお客様からの評価になっているのである。

自我を出さず、打算も抜きで、最初から調和だけで生きていける人生などありえない。

雇う側はせめてそれくらいは本当のことを教えるべきだと思う。それが彼や彼女の人間的な成長にもつながる。そこまでやるから「教育」なのである。

自分で考えて見つけた目標でないと無意味

どうして嘘の売り方がまかり通っているのか。元凶はいままでの学校教育にあるというのが私の持論である。

あるとき、某市の小学校から講演会に呼ばれたことがある。相手は小学1年生から6年生までの全校生徒。会場の体育館で講演が終わった後に、5年生の男の子が手を挙げて、私に言った。

「僕の夢はプロ野球選手になることです！」

みんなワーッ！と拍手喝采だ。生徒だけではない。先生方や父兄も同じ反応である。

私はとっさに意味がわからなかったが、夢がプロ野球選手だということが、それだけで素晴らしいらしい。それで、とにかくその子に聞いてみた。

「そうか、プロ野球選手になるのか。それならば聞くけど、いまキミはどういう練習をしてるの？」

「ボクは毎朝、１００回素振りをやってます！」

そうしたら、またみんなが拍手喝采のワーッ！　だ。

「なんだこれ？」と思った。ＳＮＳの「いいね！」で盛り上がるのと一緒じゃないか、と。

だから、「ちょっと待て」と制して言った。

「キミはプロ野球選手になりたいんだよね。でも、それくらいの練習はみんなやってるんじゃないのかなぁ？　その程度だと、プロは無理だと思うけどなぁ～」

一同シーンと、水を打ったように静まりかえった。その沈黙の中で、私は続けた。

「キミは、プロ野球選手で誰が好き？」

「ジャイアンツの阿部慎之助選手です！」

「おお、そうか。じゃあ聞くけど、阿部慎之助選手はきみと同じ小学校5年生のときに、朝起きて何回素振りをしていたと思う？　キミの勝手な解釈でいいから」

「たぶん、３００回くらいだと思います！」

「そうか、キミの尊敬する阿部慎之助選手は小学校5年生のとき、朝起きて３００回素振りしていたと思うのか。だったらキミも３００回はやれ。だから、もっと頑張れ！」

「はい！　わかりました！」

私がこの話で言いたいのは、「自分で考えて見つけさせないと、本人にとって意味のある目標は出てこない」ということである。

男の子は自分で思い描く阿部選手のすごさから考えて、「素振り300回」という答えを自分で見つけた。だからあのとき、みんながシーンとなって「あいつ、無理じゃん」「プロ野球選手、なれないじゃん」という冷たい視線が会場中に広がっているときに、その男の子だけは目を輝かせて、「そうか！　そうだよな。ボクはやるぞ！」という眼差しとキリッとした表情をしていた。

私は企業の人材育成もこれと同じだと思っている。

経営者のほうが予定調和で芽を摘み取っていないか

そんな一部始終があった後、控室に戻ろうとしたら、校長先生が私に近寄ってきた。そして、「佐藤さん、子どもたちの夢を壊すようなことを言わないでください」と言うのである。

私は、「はぁ？　校長先生はどこを見ていたんだ」と思った。私が彼の夢に寄り添って一緒に考える間、校長は全体の【調和】だけでその場を見ていた。だから、会場がシーンとなり、一斉に向けられたあの子に対する冷たい視線は校長先生の中ではＮＧなのだ。

しかし、それではもちろん男の子本人のためにはならない。

とはいえ、校長先生の言う全体最適の立場はよくわかるから、「ああ、そうでしたね」と返事をして、続けて校長先生に言った。

「あの男の子は、本当にこれから毎朝３００回素振りをすると思いますよ。だけど、続けることができなかったら、彼はプロ野球選手の夢をあきらめて、自分が納得したうえで違う夢にまた向かえると思います」

私としては、「本当は無理なものを無理じゃないように勘違いさせるのが大人の役割なのか？　夢を叶えるために必要なこともわからせてあげられないのに、大人と言えるのか？」という意味だったのだが、他の子どもたちやＰＴＡには、男の子が自己否定されたかわいそうなイジメにしか見えなかったのだろう。

ここで、振り返ってほしい。あなたもこれと同じことを自分の店でやっていないか？

経営者は組織のトップだから、自分で意識しなければ、どうしてもこの校長と同じように予定調和ばかり求めるようになる。褒めて飼い殺しておくほうが楽だからだ。

しかし、それで成長の芽をつぶされるスタッフこそいい迷惑なのである。予定調和を求めるな！　スタッフの夢と本気で向き合え！

そうでないと、自分は店に飼い殺されていると自覚したときには、そのスタッフはもう店にいないだろう。

HINT

エゴはダメだと言われるが、自分のエゴと向き合わなければ、相手のエゴもわかってあげられない。エゴを肯定するから調和がとれるんだ。

繁盛法則

04

謙虚だけでは店は伸びない。スタッフの個性が集客力だ！

スタッフは「謙虚になるな！」

若者に向かって「謙虚になれ」「謙虚でいろ」という説教をする人がよくいる。特に年配の経営者に多い。

その人たちに私は「おまえこそ謙虚になれ」と言いたい。60歳を過ぎても、まだ威張りたいのか。若者をつかまえて「おまえは謙虚さが足りん。いいか、世の中はな……」って、彼らが黙って聞いてくれるからって気持ちよくなっているんじゃない！

経営者は組織のトップだから権力がある。仕事もできるかもしれない。だからこそ、謙虚であるべきだ。謙虚にしていないと情報が入ってこないからだ。

私は自分のことをかなり謙虚だと思っている。それは意識的にそうしているからだ。もし、私がふんぞり返って経営者然として、鼻先で周りの人間を使うようになったら、それこそみんな忖度してしまって、誰も私にリアルな情報を上げなくなるだろう。

私から尋ねても、耳障りのいい情報を適当に編集して答えるだけ。もしそうなったら、裸の王様だ。経営者にとって正しい情報、必要な情報がしかるべきタイミングで入ってこないことほど怖いものはない。

謙虚になれる方法のひとつは、スタッフと一緒になって考えることだ。彼らがこうなりたいと思っていることを店として応援する際に、彼らの事情に即して一緒になって考える。

その過程で自分が知らなかったことも出てくるし、それに対して知ったかぶりをせず、素直に勉強する気持ちでいることがあなたの成長にもつながる。スタッフの信頼も得られる。

ひとつ残念に思うのは、いまは「謙虚になれ」と言わなくても、逆に謙虚すぎる若者が多いことだ。

世間は力のない人間は相手にしない。若者は権力も財力も、年長者ほど持っていないのが普通だ。それでも「自分を認めてほしい」「上司に褒めてもらいたい」と切り込んでいけるのは、若者の特権だ。力がないからこそ、暴れても大目に見られるのだ。若い読者は、ぜひこのことを知っておいてほしい。

雇う側は、「いかに彼らの野心を引き出すか」という育成上の課題になる。いまの若い世代は学校教育が素晴らしかったせいで「調和」と「謙虚」で生きている。いつまでもスタッフをそんな意識のままで置いていては、店は伸びない。

だからといって、「俺を認めろ！」という姿勢を俺にもっと見せてみろ、と教えるのは筋違いだ。

サトーカメラが「上司じゃなくて、お客様に褒めてもらおう」と教えていることを思い出してほしい。彼らが存在を認めさせる相手は上司ではなく、お客様である。

若者の「自分を認めてほしい」というあのパワーは、集客力にも通じる。だからぜひ彼らには「謙虚になるな！」と教えてあげてほしい。

黒髪、七三分け、制服の時代ではない

サトーカメラには制服がない。茶髪、金髪、ピアス、タトゥー、オールＯＫだ。アフロ、ドレッド、男のロン毛も、汚い・臭いのはダメだけど、清潔にしていれば問題ない。

「接客業で茶髪なんて、ありえない」というのが世間のジョーシキかもしれないが、どうして茶髪だとお客様に失礼なのか？　お客様が求めているのは本当にそこなのだろうか？

制服を取り入れたくなる気持ちもよくわかる。そのほうが、管理が楽だからだ。何を隠そう、サトーカメラも10年前まではスタッフに制服を着せていた。いまのサトーカメラのほうをご存じの方は意外に思うかもしれない。

私はいまの現場を見るたびに、「制服をやめて、自由のほうに振り切ってよかった」と思う。**売り場にいる人間が、お客様かアソシエイトかわからない、いまの店内の様子が私たちの理想**だ。

それでも一度、茶髪や金髪のアソシエイトに接客されることをどう感じるか、不快でないかをお客様に聞いてみたことがある。その答えがよかった。

「全然。うちの息子と話してるみたいで楽しいわ」

これで私は「あ、そうか」とまた気づいた。**ただ売る、あるいは買うだけの一方向の関係性は、いまどきはネット通販でまかなえる**のだ。

ネット通販ではまかないきれないニーズに応えるところに、私たち店舗ビジネスの存在意義があるのである。

「我が社は家族だ！」と家族主義を謳うのも結構だが、それなら、お客様に対しても謳ってほしい。

お客様が家族に会いに来るような気持ちで、来店が楽しみになる店。それこそ地域密着店の究極の形ではないだろうか。

HINT

型にはめれば、型通りの対応しかできなくなる。型を崩して、考える癖をつけさせよう。

繁盛法則

05

全員参加型の会議で店長が自ら考え、動き、成長していく！

繁盛を生み出す店長を育てる「キャプテン会議」

ここからは、サトーカメラで実際に運用している人材育成ノウハウの中から大きく5つを紹介しよう。

どれも特に費用はかからないし、やる気ひとつで取り入れられるものばかりだから、ぜひ参考にしてほしい。

まずは**「キャプテン会議」**だ。

キャプテンというのは店長のこと。サトーカメラは栃木県内に17店舗ある。キャプテンも17人だ。

この全員が週1回宇都宮本店2階ホールに集まって、本部スタッフや役員、社長と一緒に会議をする。時間は朝8時から正午までの4時間。昔は朝6時から始めた時期もあった。曜日は大体月曜日で、これを毎週、年間で52回行なっている。月に1回は朝8時から夜7時まで丸1日かける。

キャプテン会議を最初に始めたのは1990年代の中頃。それから試行錯誤をへて、2002年あたりから、いまの形になった。

キャプテン会議の内容は、最初の2時間は先週の結果を一緒に振り返る。各店長にホワイトボードに書かせた売上の数字を見て、サトーカメラの現状はどうか、中長期的課題と目の前の課題は何か、それに対してどう取り組んでいかなければならないかといった、私の思考や問題意識とについて、毎週2時間は話をする。

このときのポイントは、**数字の作成・報告は各キャプテンに自分でさせる**こと。計算や資料作成は部下にやらせて店長は発表だけというスタイルをよく聞くが、あれはダメだ。問題が他人事になってしまうからだ。

数字を集めるのも、計算をするのも、書き出すのも全部、本人が自らの手で電卓を叩いて確認しながらやるから自分事になる。そうでないとキャプテン会議そのものが成り立たない。

もうひとつのポイントは、**数字を落とした店長を叱らない**こと。

こういう場面で叱ると大体の店長は目先の事態に追い込まれ、叱られたくないばかりに汚い帳尻合わせに走り出すから危いのだ。

「あいつ疲れた顔をしてるな」と思う店長は大体数字も下がっている。そんなときに叱ってもしょうがないから、そういう場合は多少でも夢が持てる話をしてあげる。そうすると彼は目的を見失わず、また頑張ろうという気になれる。

反対に、絶好調の店長はここぞとばかりに少しイジメてやる。人間調子がいいときには案外、人の話が聞けるもの。だが、調子がいいと現状に満足して勉強しなくなり、いずれ落ち目になって泣くのは本人だ。

だから、ダメな点を見つけて、ここぞとばかりに責めてやるのだ。絶好調のときこそ、その欠点であり欠如であり短所を是正していくことで長所がさらに伸びるようになり、そのほうがかえって彼のためになる。

あなたはこの逆をやっていないか、一度見直してみるといいと思う。

先週の振り返りが終わったら、次の1時間で、その週にやることをその場で具体的に考えさせる。それも1人でだ。

よく3人ずつとかのグループに分けてディスカッションをさせる会社があるが、あれは結局、責任のなすりつけ合いになってしまう。そして、それよりも、自分の頭が痛くなるほど深く考えなくなるからダメだ。

自分の頭で考えて自分で判断して自分の範囲で実践する分には、間違ってもいいのである。店に戻ったら店の長であり、その1店舗の経営責任者は店長だ、自分が判断して自分が現場を動かすしかないのだから、判断が違っていたら違っていたで、課題を振り返ってＰＤＣＡを自分で回していけばいい。

ただ、その振り返りが人に聞かないとできないようでは困る、ということなのだ。

特にいまの若い世代は「調和」一辺倒の教育で育ってきているから、周りの空気を読むばっかりで、自分の頭で考えようとせず、すぐ人に聞いてしまう。

また、自分の意見ではなく、多人数の意見に流される。それではいくらたっても成長しないから、会議ではあえて大勢の中にいながらも、自分の頭で脳に汗をかくくらい考えさせることが重要なのである。

そうやって店長が各自の考えを持っていると、会議のラスト1時間で、部長・役員クラスや社長が対策について話し合うときにも、一方的に聞いているだけにはならない。「それは、こういう事情でうちの店舗では無理があるから、こう考える」という感じで、別案を出してくるときもある。

要は、参加者全員で自分の意見をぶつけ合う感じだ。

私はそれをファシリテーター的な立場で見て、話がおかしな方向に行きかけたら軌道修正に入る役だ。昔は対策の話し合いも全部私がメインでやっていたから、どうしても理想論になりがちだったが、いまはだいぶ現場主導になって、より実践的になって面白くなってきた。

店舗も職位も超えて話し合う「クラス別グループ会議」

次はクラス別グループ会議だ。クラス別とは、強いて言うならば仕事のレベル別ということ。各店舗からその回のアソシエイトが参加して、役員や部長たちと一緒に何を行なうかというと、現状の確認と、本部やキャプテンからの言われたことや指示に対する認識のすり合わせ作業もあるが、本来の目的は「事業目的の浸透」だ。

そのとき、誤解して捉えられているようなことに対しては、役員や部長が輪に入り込んで話をする。キャプテンでもアソシエイトでも直属の上司でもない第三者が話すことで、現場での問題点やいろいろな文句も含めて本音の部分ですり合わせが可能になる。

あとは、小さな成功事例や失敗事例を、ここでアソシエイト本人たちにしゃべらせる。

クラス別グループ会議は月1回のペースで、キャプテン会議が終わった月曜日の午後に、2時間かけて行なっている。

HINT

利益の1％は教育投資に回そう。社内で教育するから、指導者も育っていくのだ。

繁盛法則

06

「店舗トレーニング」で数値と現場のリアルを一致させろ！

現場情報をつかむ「店舗トレーニング」

私たちは、昔は店舗を指導する際には店長1人を鍛えればいいと考えていた。だから、店長をとことん育てていた。

しかし、ある程度までは育つのだが、なかなか私たちが望むような効果が現われない。店長が現場の情報をストックして、本部には小出しにしか出さないのが原因だった。

あなたの店でも経験があるのではないだろうか。私がこの**「情報ストック問題」**に気づいたのは、他社にコンサルティング指導に行ったのがきっかけだった。クライアントから、現場で働くパートの女性陣を指導するように頼まれたのだ。

それまでは店は店長しだい、経営幹部しだい、経営者しだいという方針から経営幹部ばかりを指導していたので、「なんで急に、私が現場のパートさんを？」と思ったが、仕事だからやったわけである。

そうしたら、ビックリした。パートの女性陣のほうが、店長よりも経営幹部よりも社長よりも断然多くの現場情報を持っていたからだ。

クライアントの社長は、当時の私の指導先の中で一番若く、私の中で現場と社長のギャップがサトーカメラの現状と一瞬重なった。

「もしかしてうちも同じかも?」と思った。それで慌ててクラス別グループ会議を始めたのだが、各店舗から1人ずつの参加なので、なかなかクライアントのときのようには成果が出てこない。

そのときに、「いっそ店で、全員いっぺんにやってやれ!」と思ってスタートしたのが、この**「店舗トレーニング」**の始まりである。

店舗トレーニングは、月1回のペースで、朝のオープン前1時間、経営者が現場に入って行なう。まずは現場スタッフ全員で1つの数値を見る。これが不思議なもので、会議で見ているときと少し違うのである。同じ100という数字でも会議で見ているときは「100か、頑張ったな」と思うのだが、現場で見ると、「おい、この売上、本来なら200はいくだろう」といったことが見えてくるのだ。

そうやって上司も部下も、店の全員で一緒に数値の変動を現場で見て、売り場も同時にチェックする。すると、さっきの100が、実際は余裕で200はいくといったことも出てくる。

それで、私たちが「これ知ってた？　なんでこんなに売上伸びるの？」というふうに聞くと、意外にみんな、答えられない。現場はハレとケでいえばケで、やっているほうは毎日が日常だからそんなものなのである。


とにかく現場では、数値と現状の認識を一致させることが重要だ。さもないと、部門の売上が倍になった必然も、ただの偶然にされてしまうのだ。

ちゃんと認識と実践が一致していれば、

「いやこれ、近くの小学校の運動会の後だから、300いけてたんじゃないですか」

というような攻めの推測もできるようになる。そこでまた、

「じゃあ、なんで200止まりだったの？」

と突っ込めば、たとえば「A君が注文を忘れていた」という原因がわかるかもしれない。

そうだったとしても、ここでA君を個人攻撃しても始まらない。原因さえわかれば、まずは応急処置として、「来年の運動会の日の前のノートに、発注指示を書いておく」という具体策が打てる。

それから仕組み的にどう変えていくべきか、そこに一緒に参加している部長たちにも、起きたことと数値の関連性を具体的に認識させるのが、店舗トレーニングの重要なポイントだ。

また、この原因探しも、店舗全員がいる場だからこそできる面がある。

「お前やった？」
「私じゃないよ」
「もしかしてA君？」
「ぼくかなぁ……。あっ、思い出した！　そうかあの日か。ゴメン、ぼくだ。次はないようにに対策を講じます」

というような自然な展開は、本部での会議の場ではなかなか引き出せない臨場感だ。

また、逆もある。本部でのキャプテン会議では美談として聞いていた話が、店舗トレーニングの場で、アソシエイトから真相が明らかにされて、美談ではないことがバレたという例もあった。

店長も人間だから多少盛って話をすることもあれば、店長から見たら美談でも、担当者からしたら単なる帳尻合わせの成功論でしかないかもしれない。そもそもの理解が担当者と食い違ってしまっていることもある。

そういったありがちなギャップを埋めるうえでも、店舗トレーニングはお勧めの策である。

HINT

「現場が大切」と言うが、現場の何が大切なのかに気づかされるのが店舗トレーニングだ。

繁盛法則
07

プロセス重視の「ふりかえりノート」でスタッフ個々の力を引き出せ!

「ふりかえりノート」でプロセスを振り返る

アソシエイト教育で一番最近始めたのが、「ふりかえりノート」だ。

サトーカメラではアソシエイト全員にこの手書きノートを書かせている。自分の今日の接客はどうだったか、どんな課題を見つけたか、どんないいことがあったか、仕事に関することなら何でもいい。とにかく自分の実践を振り返って書くのである。

ただし、義務ではない。ちゃんと書いているかどうか提出させてチェックすることもない。どこかからコピペで持ってきた文章で埋めていても意味がない。ただ、その子が成長できないだけだからだ。

ある女性アソシエイトのケースだが、入社当時は頼りなくて全然ダメだった子がいた。その彼女が、毎日一所懸命「ふりかえりノート」を使って、自分の言葉で考えて、「今日の自分」について振り返り、書き続けてきたノートが何冊も溜まって、重ねたら10センチくらいになった。

図3 「ふりかえりノート」でプロセスを見る

自分の行動や想いなど、とにかく何でもいいから書いて振り返る。

誰でも自由に見られるところに置いてある。

クラス別グループ会議のときに持ってきたそれを見て、私は言ってあげた。

「これがあなたの成長記録であり、あなたの命だね。財産だね」

そう伝えてその子を見たら、やはり様子が以前と違っているのである。昔は影が薄かったのが、いまは胸を張って自信に満ちあふれた雰囲気なのだ。実際に数値結果も上がっていた。

私は彼女の成長がよくわかったから、その通りに言ってあげただけ。「ふりかえりノート」の厚みは彼女を裏切らないから、それで十分なのである。


そんなふうに本人にとって一番メリットがあるアソシエイトの「ふりかえりノート」だが、経営陣もこれがあることによって大いに助かっている。

というのも、ノートは常に各店舗の誰でも自由に見られる場所に置いてあるし、キャプテンや経営陣がぱっとノートを開いて見れば、そのアソシエイトの状況が数値以外のプロセスを含めてわかるのだ。

人材でも何でもそうだが、**数値に現われない部分のプロセスがわかることが管理者にとっては最も重要**なのである。

数値だけで相手を詰めていったら、叱るだけで終わるしかなくなる。そうしたら相手は「申し訳ありません。私が至らないばかりに……」と謝るだけしかできなくなる。

その状態から、その「至らなかった原因」をもういっぺん掘り起こして対策を探るのが、どれだけエネルギーを伴うしんどい作業か、従業員を使っている店舗経営者なら身に染みて知っているだろう。

また、そうやって彼ら・彼女らの成長意欲をなくさせてしまうことは、最終的にはお客様にご迷惑をおかけすることになる。そうならないよう、「ふりかえりノート」で自らプロセスをたどれるようにしておくことをお勧めする。

HINT

体験をそのままにしているから成長しないんだ。体験を知識化して、誰でも再現できるようにしよう。

繁盛法則
08
リアルタイムで全員が情報共有できる「SNS活用」は絶好の成長ツールだ！

いつでも、誰でも投稿できる「フェイスブック・グループ」

「ふりかえりノート」と同じくらいの時期に始めたものとして、「SNS活用」がある。フェイスブックでサトーカメラの社内グループを立ち上げて、みんながどんどん投稿をアップしている。グループ会議の日に合わせてとか、店舗トレーニングに来るからその前に……とかではない。書きたい人が書きたいときに書き込む、リアルタイムの情報共有だ。

カテゴリーは**「サトカメToday」「気になる売り場」「マネージメント」「マーチャンダイジング」「ノウハウ」「メンテナンス」**……といった具合に分けている。

メンバーは、誰でも投稿OKのグループとは別に、キャプテンクラスが使うグループ、副キャプテンクラスが使うグループ、アソシエイトのグループというふうに職位レベルなどで分けている。

経営陣は全グループに参加していて、メッセージが送れる。入社したばかりのアソシエイトの投稿に私が直接コメントすることも普通にある。管理職同士だけのグループももちろんある。

たとえば、こんなやりとりの例があった。

あるアソシエイトが「自分を副キャプテンに上げてほしい」という内容の投稿をした。

「私は入社5年で、いまは毎月のように粗利100万円以上を稼げるようになりました。ずーっと低迷していましたけど、この1年でやっとここまできました。まだまだ頑張りますので、私を副キャプテンにしてください。よろしくお願いします！」

いわゆる〝直訴〟だ。なかなか、腹のすわった子だ。

そうしたら、それに対して、ある部長が「まだ早いんじゃないでしょうか？」という返信をした。今度は、常務が早とちりしてしまって、「決定！　副店長、おめでとう」と投稿した。

私は「ちょっと待て。その心意気は認めるけど、彼は副キャプテンになる最低基準の資格である、販売士3級とフォトマスター3級以上は持っているのか？」と聞いた。

すると、彼から「前回の検定では落ちました。でも、来年は絶対に受かります。暫定でいいので副キャプテンにしてください！」という返信。

それに対して、私が「暫定はダメだよ。それはあなた自身に対して最も失礼なこと。最低基準である資格を取ってからにしましょう」と返信を入れた。

そうしたら、彼は「甘く考えていました。申し訳ありません。まずは来年資格をとります。それからまた志願させていただきます！」という返信をしてきた。

細かい言葉までは再現しないが、こういうやりとりが、サトーカメラのフェイスブック・グループでは日々リアルタイムで展開されている。

それを17店舗＋本部・海外事業部も含めて１５０人全員が見て、自分の仕事の参考にしている。

たまにグループ上でケンカが始まることもあるが、それに気づいた誰かがフォローに入れるし、黙って裏でいがみ合われるよりも、よっぽどやりやすい。

そういう意味でも、社長以下役員クラスには全グループの全投稿を見るよう義務づけているのだ。

他にも、たとえば「サトカメＴｏｄａｙ」というカテゴリーでこんな例があった。若いアソシエイトの書き込みだ。

「今日はお一人で３８３２枚も写真プリントをされたお客様がいらっしゃいました。フォトＤＶＤを53枚データ書き込みされた方もいらっしゃいました。それは、こういうわけで……」と、そのとき彼女がした接客も詳細に書いてある。

「ふりかえりノート」は経営側からは数値に現われないプロセスを知るためのものだが、グループへの投稿も、プロセスを共有するのに非常に役立つ。全員が見ているから、各自が自分の接客の参考にすれば大いに意味がある。

私は感心したから、返信で褒めてあげた。その子はまだ入社間もないアソシエイトなので、認められれば励みになるとも思ったからだ。

SNS活用は、経営陣のフォローがあってこそ

ここまで聞いて、「うちもフェイスブックで社内グループを作ってみよう」と思い始めたあなたに、勘違いしてもらいたくないことが1つある。

フェイスブックに限った話ではないが、**そのままでは事例は現場から上がってこないと**

いうことだ。

先のケースも、実際には最初、私たちがその店の数値が伸びたのに気づき、店のアソシエイトからその子の活躍を知って、店長に言って本人にグループに投稿させたのだ。それで初めて事例として上がってきて、17店舗の全員でプロセスを共有することができたのである。

私たち中小の店舗に入ってくる人材はエリートではないから、自分の成功を自分から他人に向けてアピールするようなことはなかなかしない。「書くほどのことじゃないし……」とか「下手に書いて目立つのも嫌だし……」と思ってしまって、なかなか情報開示できないのだ。

だから、フェイスブック・グループを取り入れるときは、経営陣はどうやってスタッフに自信をつけさせ、行動を起こさせるかまでフォローしてあげてほしい。

「めんどくさい」「そこまでやってられるか」と思う気持ちはよくわかる。だが、そこまでやらないとスタッフは動かないし、動けないものなのだ。特にいまの若い世代はそうなのである。

そう考えてくると、結局、私たちがスタッフに対して一所懸命にやっていることは、**「いかに他人に関心を持つか」**ということの訓練なのである。これは「いかに自分に関心を持つか」ということでもある。

「キャプテン会議」から「ふりかえりノート」まで、人材育成の4つの策を紹介してきたが、この訓練がサトーカメラのすべてのもとになっていることを強調しておきたい。

お客様ともSNSでつながる

サトーカメラでは、アソシエイトがお客様と個人のSNSでつながることを特に禁止していない。

一昔前まで、お客様への営業といえば、電話をしても仕事中と言われればそれまでだったが、いまはLINEで「先週末検討されていた件ですが、いかがですか？　近日中にまたご相談に乗りますよ！　お待ちしています」などとメッセージでご案内できる。

私の感覚では、電話と違って好きなときに開いて読めるメッセージは、お客様の負担にならないため、おおよそのケースで「じゃあ行くわ」となって来てくれる。それで、来たついでに付属品をお買い上げくださることもよくあるのが、店舗商売の面白さだ。

また、そのＬＩＮＥの返信でお客様が他店で購入したことがわかったら、「そうなんですね。取りつけ方や使い方は大丈夫ですか？　わからないことがございましたらお教えしますので、いつでもご来店くださいね！」と追っかけのご案内も自然にできる。

この「追っかけ」や「もう一歩踏み込む」ことができるかどうかは、販売職にとってとても重要なことだ。しかし、わかっていてもできる人とできない人がいる。

それは自信の有無もあるが、第一に、他人に関心を持てるかどうかの差だ。

１章３項でも述べたように、他人に関心を持てる販売員は自分に対しても欲が持てる。だから成長できるのである。

私がこの話をすると、「他店で買われて、そのお客様に腹が立たないのか」と驚く人がいるが、まったく問題ない。

我々は目先の商売をやっているわけではない。「想い出をキレイに一生残すために」、長くお付き合いさせていただければいいだけだからだ。

こんなふうに個人でお客様とつながっていると、そのスタッフが退職したときにお客様の連絡先がわからなくなって困るのではないかという質問も受けるが、これもまったく心配ない。

もちろん、引き継ぎをきちんと行なうし、それ以前に、いつのまにか自然に、新しいアソシエイトがそのお客様とつながるからだ。私はこれも地域に根ざした店の在り方だと考えている。

HINT

情報はコミュニケーションツールで共有できるが、意思の疎通はそうはいかない。直接会って“空気感”も共有しないとね。

5章

地域に愛される店が文化を創る！

繁盛法則

01

中小は個店勝負でいけ！長期計画で完成を目指せ！

地域店繁盛宣言！

この本のテーマは「繁盛のつくり方」である。我々中小の店舗ビジネスは、店が実際にお客様であふれて繁盛してくれないことには商売が始まらない。

しかし、チェーンストア理論では、繁盛店は悪だった。システム的にも、ムダやムラを出さないためにも、お客様を待たせることは一番の悪と捉えているからだ。

日本の小売店業界は戦後の復興期からずっとチェーンストア理論を基準にしてきた。その象徴が「1000店舗を目指せ」という合言葉である。

多店舗展開のための品揃えの標準化。品揃えの標準化による一括大量仕入れとそれによる原価圧縮。ついでに接客もスタッフも標準化して人件費を抑えて、「いいモノを、より安く」。そうやって高効率と価格力で伸びてきたのが、GMS（ゼネラル・マーチャンダイズ・ストア＝総合スーパー）に代表される大手小売チェーンに他ならない。

庶民に商品を行き渡らせるところまでは、そこにも正義があっただろう。しかし、彼らの本音はどうだろうか。

繁盛なんか求めるな。求めたら店舗展開のスピードが鈍る。とにかく早く、地価が安いうちにできるだけ土地を買って、店を出してはまた新しい土地を買って、次を出してはまた土地を買って店を増やせ。そしてテナント出店を募れ。そうすれば年々地価が上昇して不動産収入と土地の利回りで利益が出る。小売業でチマチマ稼ぐよりそっちのほうが楽に儲かる。ついでに株主も喜ぶ。それが王国の作り方だ――。

これが、結果的に大手小売チェーンが行き着いた本音なのである。

しかも、既存のマーケティングやコンサル理論は大半がチェーンストア理論をもとにしている。それ以外を教えてくれる先生がいなかったからだ。富裕層マーケティングは逆だと思うかもしれないが、あれも結局はチェーンストア理論からの揺り戻し。私たちが学ぶべきものではない。

つまり、私たち地域の中小店は、本当の意味で自分たちのために作られた戦略をまだ知らないのである。

私は「繁盛」にこだわることで、この状況に一石を投じたいと考えている。最後の章は、その宣戦布告だ。

また、ともに商業に取り組む同志である、あなたへの檄文でもあることも付け加えておこう。

中小企業は個店で勝負しろ！　～店づくり3年の計～

1000店舗を目指すわけではない私たち中小店は、常に目の前のお客様が喜ぶ店づくりをしていこう。「それをやったら全店舗でできるのか？」などという標準化からの懸念は二の次だ。

考えてもみてほしい。東京と大阪では料理の味つけも、エスカレーターに乗るときに立つ側も違う。それぞれの店はそれぞれの地域とともにある。**店づくりの最適解は店ごとに違う**のである。

それなのに、これから他の店舗も出したくなったときに効率がいいからという理由で、我々のような中小店が大手小売チェーンの真似をしてどうするのか。

仮にあなたが多店舗展開を考えていたとしても、そのペースはせいぜい年に3店舗だろう。

そうであれば、優先すべきは何か。

先々のことを考えての効率なのか、「この1店舗」の繁盛を作ることなのか。

3章の冒頭で述べたように、私たち中小店は買い物の効率や利便性でお客様に応える業態ではない。もし利便性を基準にしてしまったら、チェーンの大規模店ほどシステム化されていない中小店は、実に簡素化された店になってしまう。

そのうえ先々の出店に備えてそれを標準化してしまったら、いまから不振の再生産を準備するようなものだ。

お客様が私たち中小店に求めるのは、「面白いね」「楽しいね」「ゆっくりできるね」「つい行きたくなるね」という気持ちにさせられることである。そのための店づくりは極端に言えば、1店舗ごと違っても構わない。

つまり、**中小店の店づくりは「個店勝負」の発想で行なうのが正しい**のだ。

お客様が止まった、お客様が動いた、伏し目になった、横を向いた、手を伸ばした、取りづらそうだった……という一挙手一投足にヒントを得て、店内の動線も、棚の陳列方法についても、店ごと地域ごとの個性をどんどん出していこう。

それでは、どうやって個性のある店づくりをしていけばいいのだろうか。

まず言えることは、**店はオープンした初日が底だと思ったほうがいい**。ここを間違えている経営者は意外に多い。オープン日が最高で後は落ちていくイメージを持っているのである。

オープン日が最高だと思っている典型が飲食店だ。飲食店は物珍しさも手伝ってオープン時にお客様を集めやすい。地域のお客様の中には、行きつけの店にできるかどうかの試しで気軽にご来店くださる方もいる。形に残らない商品（飲食・理美容・マッサージなどのサービス）はオープン割引セールを打ちやすいということもある。

だから初日は賑わう。その分、落ち着いていくときのギャップに過敏になってしまうのである。

しかし、正しくは「オープン日は最悪だと思え」だ。そもそも人の動きがまだわからない。動線も棚づくりも見えていないのに「最高」になるはずがないのだ。

私は指導先にはいつも「店づくりは最低でも1年、普通は3年かけて、やっと一応の完成を見る息の長い作業だ。そのつもりで取り組め」と教えている。効率的な動線が必ずしもベストの動線とは限らないし、少し不便な陳列がかえってお客様に面白がられることも大いにある（ドン・キホーテの圧縮陳列がいい例だ）。

「店内の形状と規模に対して入口がここで、窓がここだから、動線と陳列の組み合わせはAパターンでよろしく」というように決まった正解は、店づくりに関してはありえないのである。

店づくりは失敗を怖がってはいけない。試行錯誤を続けろ！　そして、完成を焦るな！　3年計画で進めたその先に、地域の中小店の「繁盛」がある。

HINT

システム化と標準化が大手のやり方ならば、その逆に中小店の繁盛があるはずだ。

繁盛法則02

企業のDNAを根づかせたいなら、まずは経営者が10倍働くことだ！

一生現役の経営者であれ

中小店の社長の大半が思い描いている経営者の理想の世界は、極端に言えば「セレブ」だ。ブランドスーツに身を包み、夜は毎日パーティーで高級ワインを飲んで、上流社会の人脈に紹介されて気の利いたジョークで気に入られ……というイメージ。要は資本家と経営者を混同してしまっているのである。

馬鹿馬鹿しい。経営者が資本家に憧れて何になるのか。店の土地を持っているから資本家か？　それではまるで大手小売チェーンと同じではないか。

資本家は野球にたとえれば球団オーナーである。あなたはオーナーになりたいのだろうか。スタンドのオーナールームでふんぞり返って見物していれば満足なのか？

それよりも元プロ野球選手ならば、監督としてベンチで采配をふるってゲームを動かしたいのではないか？　世の中が「投資利回り」とか「仮想通貨」とかの話ばかりになっているせいで、自分が本当はどうしたいのかを抜きに、「資本家」というイメージへの憧れだけでそっちに行ってしまう経営者がいまは多すぎる。

私にはそういう考えは一切ない。私は生涯現役の経営者でありたい。だから100歳まで働くと公言している。

資本家を気取りたがる社長は、あくせく働くことは恥ずかしいことだと思っているのだと思う。もしあなたがそうなら、それは「労働」や「労働者」を差別している証拠だ。猛省してほしい。そこから自店のスタッフを差別し始めるまで、あっという間だからだ。

下手をすれば倒産するリスクを背負ってでも起業したり、人生を賭けて事業を営んだりする人種のことを、世の中は「経営者」と呼ぶのだ。経営者と資本家は別の生き物だと心得たほうがいい。

企業のDNAをスタッフが受け継いでいるか？

人間は特別な教育を与えれば、そのように変わるかというと、そうでもない生き物だ。ただし、群れにずっといれば、その群れのトップに似てくることは間違いない。

あなたが現場のことをアホだと思うなら、自分がアホなのである。サボリ魔が多いと思うなら、自分がサボっていないか疑ったほうがいい。

いまはスマホやSNSがあるから、社長が何をしているかは筒抜けでわかる。馬鹿な経営者は美食、女遊び、無意味な贅沢にふけって楽しんでいるかもしれないが、部下はそれを見て、「俺たちがこんなに働いてんのに、社長は遊び三昧かよ」と思っているのである。


だから、経営者はスタッフの10倍働こう。それでやっと一応認めてもらえる。

私はアソシエイトにいつも、「私は君たちの3倍4倍、いや10倍は働いてるぞ」と言っている。「だけど、君たちの10倍も給料もらってないぞ。せいぜい2倍くらいが関の山だ」と続けると、また彼らは「そうだよなぁ」という顔をするわけだ。

つまり、経営者が率先して働けということだ。若い子たちが稼げるようになるまでは時間がかかる。その間の彼らの食い扶持はあなたが稼ぐしか仕方がないではないか。人を働かせようと思うなら、まず自分からだ。


以前、リクルート本社でセミナーをやったときのこと。「お客様をどうやって囲い込むか」という話になった。私が「囲い込む」という言葉は好きではないこと、サトーカメラはお客様を囲い込もうとしていないことを伝えると、リクルートの中のサトカメファンのコンサルタントが付け足してくれた。

「お客さんが勝手に寄ってくるようになってるんですよね。経営陣が部下に対して、自我と打算と調和も全部含めて、部下のところに降りていって向き合っているから、部下のスタッフさんが同じことをお客さんにやるんですよ」

これを言われたときはうれしかった。サトーカメラは「相手を人間扱いして相手のところに降りていって話をする」ということを大事にしてきたが、経営陣のその姿勢が外部の人にもそうとわかるくらい、確かに共有されていると知ったからだ。


そのコンサルタントは、「経営陣のＤＮＡが社内に脈々と広がっている」とも言ってくれた。

会社はトップの人間で決まるとされる。だから経営者は率先してスタッフの10倍は働かないといけない。遊んでいる場合ではないのである。

スタッフはあなたが自分に対して、どう向き合ってくれるかを見ている。そしてお客様に対して、それと同じことをする。子のふるまいが親に似るようなもので、言われなければば彼ら自身も気づかないくらい無意識にやっているに違いない。まさにＤＮＡだ。
あなたがお客様に対して一番大事にしていることは何か、思い出してみてほしい。スタッフにもそれをお客様に対して実践してほしいなら、まずあなたが彼らに対してそうすべきなのである。

HINT

いまどき、社員が経営者のために働くことはない。彼らは自分のために、そしてお客様のために働いているのだ。

繁盛法則
03
お客様が困っているときこそ思い出してもらえる店になれ！

お客様を「受容」せよ！　〜脱・お客様囲い込み宣言〜

中小店の「繁盛のつくり方」の基本は地域のお客様全員に愛されることだ。それこそうるさい客もマニアも全員受け入れるのだ。

客層を絞らないから、中には理不尽なお客様もいるだろう。いままでのマーケティング論だと、そういったお客様は排除する方向だったかもしれないが、本書で繰り返し述べてきたように、中小店はそれを受け入れるべきだ。受け入れてお話をうかがうと、最初は理不尽だと思っていても、最後にはお客様のおっしゃることのほうが正しい場合が多いからである。そこに繁盛のヒントが隠されているからだ。

前述した美容飲料の例ならこうだ。

「苦くて飲めない。何よ、こんなの買わせて！」とお客様が怒ってきたとする。マグネシウム含有量から見て、苦いと感じる人もいるかもしれない。

こういうときの一般的な言い分は、「自分で選んで買ったのはお客様でしょ。苦いって怒られても、私たちは製造元ではないし」というものだ。あとは手っ取り早くお客様をクレーマー扱いして謝って終わりにするだけだ。

でも、それだと「苦い」と感じたお客様の正直な気持ちはどうなってしまうのか？　いまさらなかったことにはできない。誰かが受け入れてあげるしかないのである。

4章3項ではスタッフの【自我】から【調和】を導き出した売り方の例を紹介したが、まずは「ああ、そうだったんですね。苦かったんですね」とお客様のエゴを受け入れて、「どうやったらおいしく飲めるかな」と【調和】を探っていく。それが、私たち中小店の仕事なのだ。

お客様はお客様のエゴごと受容しよう。「何よこれ！」の声に対しては、「私はおいしかったけど、そうか苦いんだ」と、まずは相手が感じたことを感じたままの事実として受け入れよう。

それで「これを苦く感じる人もいらっしゃるんだ」という認識から、「ハチミツを2、3滴入れるとおいしい」というお客様との【調和】に至ったら、それ以降は、自分が対応できるお客様の幅をお客様によって広げてもらえたことになる。

これは単純に見えて、すごい売り方の転換である。

私たちは店舗であってメーカーではないから、商品を作り変えることはできない。だが、売っていく相手（客層）は自分たちの対応しだいで増やしていくことができる。これが新しい価値を創造して、新しいマーケットを切り拓いた瞬間である。


チェーンストア理論も含めて、世のマーケティングは「自分に合うお客様だけを相手にしよう」と教える。だが、中学生に戻ったつもりで考えてみてほしい。

学年で100人女子がいたら、自分の好きな子は100人中、せいぜい1人か2人だろう。ちょっといいなくらいの子がプラス3人いたとしても。あと95人＝95％はどうでもいいと言ったら失礼だが、自分の範疇には入らない子ではなかっただろうか？

私が言い続けているのは、「この95人＝95％を取り込まなければ商売にならないぞ！」ということなのである。

「好きなお客様とだけ付き合えばいい」という理論が出てきたのは、20年前のアメリカ型マーケティングの影響が大きいのもわかる。だけど、あの考え方を主流にされてしまうと商人本来の見識の広さがなくなるうえ、差別主義者になってしまうだけだ。

私たち地域の中小店は、地域の誰からも愛されるのが本来のあり方だ。**差別主義者の店に繁盛はやってこない。**そのことをわかってほしい。

困ったときに思い出してもらえる店とはどういう店か

「思い出してもらえる店になれ」という教えがある。地域の中小店が繁盛するための非常に重要な教えである。また、ケースによっては地域の枠を越えて重要な教えになることもある。

2011年3月11日の東北地方太平洋沖地震。私の地元栃木も震度6強。そんな最中に、地元の保険販売代理店からサトーカメラに、「フイルム式の使い捨てカメラ」を2000個注文したいという相談がきた。

地震被害の保険金を販売代理店から保険会社に申請する際に証拠写真が必要だが、デジカメ撮影では対応できないというので、急遽「フイルム式の使い捨てカメラ」が大量に必要になったのだそうだ。

たまたまその代理店の上層階にはカメラ系量販店が入居していたから、最初はそちらにお願いした。が、すげなく断られたらしい。「弊社も被災して大変ですから、そんな大量注文に対応する余裕はございません」という話だったようだ。

私に言わせれば「てめえの都合だけじゃねえか」だが、とにかくあっさりできないと断られたという。

「困った。顧客からはどんどん申請依頼が来る。写真が撮れないと仕事が進まない。どうしよう」となったときに、サトーカメラのことを思い出したらしい。「あっ！ そうだ、サトカメならば何とかしてくれるかも」と思って電話をくださったのだった。

その電話を受けた宇都宮本店の竹原店長は、「すぐ用意します」と二つ返事で引き受けたそうだ。なにせ数が数だから、店にそんな在庫はない。それでも「すぐ用意します」と引き受けたのだ。

その店長の気持ちが私にはよくわかる。相手は実際困っている。相談された側としては、何としてでも集める、助ける、という気持ちになったと思う。

全国のカメラ店や写真店や取引先、ドラッグストアやホームセンターも含め、全国の支援先に声をかければ何とかなる、と考えたのだろう。それでとにかく「やります」と答えたわけである。

店の対応として、こちらが絶対に正しい。その保険代理店もお客様相手の仕事なわけだ。申請依頼を受けて写真が撮れなかったらどうなるか。別に2000個を一度に欲しいと言っているわけではないのである。

500個ずつ4回に分けるとか、少し頭をめぐらせれば方法はあるはずだ。とにかく向こうとしてはお客様に対して早く動きたいから、「やります」の一言が欲しいのだ。具体的な相談はそれからでいい。

「一度に2000個はムリかもしれませんが、もしかしたら……」

「わかりました。では、まず1発目、500個だけでも、すぐ欲しい。どうでしょう」

「それならなんとかできると思います。準備できしだい、ご連絡さしあげます」

おそらく、こんなやりとりをしたのだ。

4章8項で、人材育成は「いかに他人に関心を持つか」の訓練だと説明したが、相手の状況に一歩踏み込んで思いやることがカメラ系量販店の社員にもしできていれば、あっさり断ってはいなかったのではないか。そこがサトーカメラとの違いだった。

２０００個は数としては多いが、売上にすれば大した額ではない。１個５００円程度の商品だからだ。しかし、２０００個に対応しきったことで、その代理店は大変感動してくれて、撮影の終わった写真は個別に現像させずにわざわざ全部集めてくれて、全部サトーカメラで現像させてくれた。27～39枚撮りの「写ルンです」を２０００個分。利益としては、予想していなかったこちらの現像代のほうが大きかった。

2時間、無料でDVD画像の修正をしてあげたアソシエイト

サトーカメラにはよくメディアの取材が来る。たまたまテレビか何かの取材が来ていた日に、ＤＶＤの画像の調子がおかしいと言って持ち込んで来られたお客様がいた。

結婚式の最後に流すエンドロールをサプライズで自作していたらしく、絶対にうまく作動しないとマズいからと土壇場で持ってきたらしい。うかうかしているあいだに日が経ってしまって、気がついたら前日になっていて困った。そのときに、「そうだサトカメだ！」と思い出してやって来たというお客様だった。

アソシエイトは、2時間かけてエンドロールの画像を直してあげた。そしてお客様は、直ったDVDを受け取ると、特にお金も払わず喜んで帰っていった。

取材班はその一部始終を撮影していたのだが、その様子を見て、

「あのアソシエイトさんは2時間もやってあげて、お金ももらわないで帰しちゃいましたけど、いいんですか?」

と私に聞いてきた。私は、

「問題ないでしょう。あのお客様は何年も、うちで買い物してくださっているんですよ。アソシエイトだってそれくらいは考えていますからね」

と教えてあげた。

これも「他人に関心を持つ」ことができているからこその対応例だと思う。しまったと思ったときには式の前日で、いまさらどこに相談していいかもわからない。お客様のそんな状況を考えたら、2時間だろうがなんだろうが、現場は対応するだろう。

たった2時間の対応で、年間を通して自店で買ってくださるのなら安いものだ。労を惜しまずお客様の役に立つべきなのである。

もしこれがそうではなく、来るたびに何かしら購入しないといけない店だったり、何でもかんでも細部にわたってルール化されている店という雰囲気だったら、このお客様は逃げてしまうだろう。

カメラやレンズは買ってからのほうがお客様の困りごとが出てくる商品だが、他店の多くは売った後のことは面倒くさがって関わろうとしない。私はその「てめえの都合」でお客様を見捨てる姿勢が許せない。

サトーカメラは後々までずっとフォローすることが、全社で当たり前になっている。私たち経営陣のＤＮＡが根づいているからだ。

だからこそ、何かあればお客様に「あっ、そうだ！」と思い出してもらえる。「繁盛」はそこから生まれるのだ。地域密着店は、お客様に寄り添い、その存在意義を自覚することが大事なのである。

HINT

店側にとっては非効率な売り方かもしれない。でも、そこにお客様の不便や不満や苦痛があるんだ。

繁盛法則

04

お客様の想いとビジネスを一体化させてプロとして勝負し続けろ！

スポーツ用品店に教えた繁盛のつくり方

本書も終わりに近づいてきた。ここまでいろいろな角度から「佐藤勝人流・繁盛のつくり方」を述べてきたが、より具体的にマーケットを創造する方法を紹介しよう。

私の指導先でスポーツ用品店がある。そこの主人が野球人口もサッカー人口も年々減っていて先行きが不安だと言う。その主人に私は次のように教えてあげた。

「どうして競技人口が減るかわかりますか？　野球少年、サッカー少年、小学校の大会で優勝でもすれば、ＭＶＰでももらえば、その上の中学校でもやるでしょう。もらえなければ小学校でやめるでしょう。中学校でも、大会で優勝するとか高校の強豪校のスカウトが来るとかすれば続けるでしょう。なんにもなければやめるでしょう。高校でもそう。甲子園に出場したとか地区大会で優勝したとかなれば大学でも続けるでしょう。なければ、そこで終わり。

これがどういうことか、わかりますか？

優勝するのは1チームです。ＭＶＰをもらえるのはその大会でも一部の子です。それ以外の子は小・中・高でふるいにかけられて、どんどんやめていく。自分に才能がないと思ってね。

あなたはスポーツ用品店の経営者。彼らが競技を続けてくれないと商売にならないですよね。では、どうすればいいでしょうか？

それは、野球少年でもサッカー小僧でも、『俺スゴイんじゃないか？』『うちの子やるんじゃないか？』と錯覚を起こさせるというか、勘違いさせることです。

子どもたちはＭＶＰを取れれば、喜んで続けますよ。大会で優勝でもすれば続けますよ。だけど、優勝校は1校しかない。残りの99％は負け組です。だから、その99％の負け組チームを相手に、店が主催して地域大会をやるしかないでしょう。

出場校は2校でも3校でもいい。あなたの商圏範囲内でいい。そこで優勝チームが決まったら、ＭＶＰなんかは枠を狭めずに、どんどん出してあげればいいんですよ。ゴールデングローブ賞とかバロンドール賞とか何々賞と銘打ってどんどん表彰してあげる。賞状なんか1枚１００円もしないんだから、どんどんばらまく。

子どもも親も、想像以上に喜びますよ。そうなれば進学した中学校でも続けるでしょう。

それをまた中学校でもやるんですよ。自分の店だけでは無理なら隣町のスポーツ用品店と共催でやればいいじゃないですか。負けチームを集めて大会を開いて、みんな何かの賞で表彰台に上げてあげればいいんですよ。絶対に受賞した本人は、うれしいから。そうしたら高校でも続けたくなるから。

そうやって、あなたの地域の野球やサッカーの『競技人口＝文化』を店発で引っ張る。それがマーケットを創るっていうことです」

この方法を、もし「子どもだまし」と言う人がいれば、その人は商業者として失格だ。商業は一握りの天才のためのものではなく、天才になれなかったその他大勢の普通の人たちのためのものだということが、わかっていないからだ。

これは私自身の素質によるのかもしれないが、私は弱い側の人を助けたいという気持ちが強い。「想い出をキレイに一生残すために」という仕事もそうだ。残し方がわからない人こそ救ってあげたい。世の中に生きる人の大多数は負けてしまった人たちかもしれない。そのままでは諦めてしまう人たちかもしれない。

私たち商業者がその人たちにスポットを当てて支えなくて、誰が支えるのだろうか。

人がイキイキと生きていくためには、**どこまで錯覚させ、勘違いさせることができるか**がやっぱり重要なのではないだろうか。

私は自分の店でも指導先でも、「私たちは詐欺師じゃないんだから」ということをよく言う。詐欺師は相手を嘘でだまして、お金だけもらって商品がない。だから詐欺師なのであって、私たちはお客様をいい意味で錯覚をさせ、勘違いさせて商品を買っていただいているのかもしれない。

しかし、その商品は私たちがプロとして買いつけてきた本物だ。だからこそ安心してとことん勘違いさせてあげることが、お客様にとって幸せなことなのかもしれないのだ。

6000枚30万円の家族アルバム

また、人がイキイキと生きるためには自分が大切な存在だと感じられないといけない。これから紹介するのは、写真にその力がどれほどあるかについて、私たち写真屋も再認識させられたエピソードである。

サトーカメラには家族の成長を写真で残す「家族アルバム」という商品がある。

私が写真はなぜプリントしたほうがいいのかを調べていたとき、脳科学の本で、子どもは写真に写っている自分を見ることで自分の存在価値を意識すること、一緒にいてくれる両親への意識がまだなかったときのことを写真で見ることで親の愛情を知り、子どもの情操教育になることを知った。

そんなのスマホの画面で見られるじゃないかと思うかもしれないが、画像データの写真と紙焼きされた写真では認識する脳が全然違うらしい。そもそもスマホの写真は時間が経つと忘れてしまう。だから見返さないのだ。

いつでも見返せるはずなのだが、案外見ないのだ。しかもスマホは本質的に個人のツールで、他人に見せたり見られたりすること自体があまり馴染まないという理由もある。

第一、息子や娘が自分たちの小さい頃のことを尋ねてきて、お父さんお母さんが自分のスマホで写真を見せるのも、ちょっとどうかと思う。

「右にスワイプしてってて。出てくるから」なんて言っても、家族みんなであなたのスマホ

図4　スマホから想い出を掘り起こす「家族アルバム」

スマホの画面では得られない価値がある。

の写真を回し見するのは、見られたくない写真もあったりしてあまり気持ちのいいものじゃないし、それでは子どもも味気なくてうれしくないだろう。

だから、いつでも誰でもどこでも、家族の想い出が見られるようにプリントして、アルバムにして家に置いておくことに価値があるのだ。写真はそこまでして初めて見られるようになるものなのである。子どものために撮ったのだから、子どもが自由に見られるようにしないと意味がない。

まだ言葉が話せない幼児でも、自分の写真を見れば顔がパーっと明るくなったり、アハハと笑ったりするものだ。「家族アルバム」はそういう家族の温もりを広める商品のひとつである。

この「家族アルバム」に対するお客様の反応は、私たちの想像を超えていた。あるお母さんがお子さんの写真をプリントしに店にいらっしゃった。今度、娘さんが10歳になるが、2番目の娘だったから上と比べて何もしてやれなかった気がして、ちゃんとアルバムを作ってあげようと思う、ということだった。

そこで、アソシエイトと一緒に赤ちゃんの頃からの写真をずーっと見て選んでいって、全部で6000枚のプリントのご注文をいただいた。合計30万円だ。「家族アルバム」を広めていた私たちも、まさか1人のお客様が一度に6000枚という数をプリントするとは思わなかった。

私たちはこのとき、6000枚の写真をアルバムに1枚1枚入れるところまでサービスでやってあげるようにした。

写真はアルバムに入れる作業が意外に面倒だ。写真は、封筒に入れっ放しにしておくと写真同士がくっついてしまったり、無理に入れようとするとポケットを破いてしまったりする。

私はそれでプリントを嫌になる人が結構多いと思っていたから、アルバム整理も店のほうでやってあげるようにしたらどうか、ということになった。これがきっかけで「アルバム整理代行サービス」という新しいサービスが生まれ、現在、多くのお客様に喜んでいただいている。

そうして完成したアルバムが、25冊ほどになった。外出のついでに持って帰れるボリュームではない。担当したアソシエイトはどうするだろうと思っていたら、なかなか気が利いていて（「他人に関心を持つ」がしっかりできているのだろう）、いつ受け取りに来るかお客様に聞いておいて、25冊まとめてお渡しできるように準備を進めていた。

お約束の日。そこにお母さんと娘さんが一緒に来た。

アソシエイトがテーブルの上を指さして、「これ浅山さんのアルバムですよ」と言うと、女の子は「ありがとう」。それだけ。

お母さんが「これ、あなたのアルバムよ」と言ったら、「ああ、すごい。こんなにいっぱい。うれしい！」と喜んだが、まだ表面だけだ。それはそうだ。その子にとってまだ目の前のものはただのアルバムで、ただの本にしか見えないからだ。

それから女の子が店内のテーブルの上で、アルバムを1冊ずつ開いて写真を見始めた。ずっと黙ったままだなと思っていたら、写真を見ながら女の子はボロボロ泣いている。泣きながら1ページ1ページめくっている。その姿を横で見ているお母さんも泣いている。親子でボロボロ泣きながらアルバムをめくっている。

「初めて見た」ということだった。産まれた頃のことや、まだ小さかった頃にお父さんがこんなことをしてくれた、お母さんがこんなことをしてくれたというのを、今日アルバムを見るまで知らなかった、と。

私は「そうか！」

と思った。私の家は父の代からカメラ屋だったから、自分や兄、また私たちの息子や娘も含めて、家に子どものアルバムが何冊もある。私はどこの家庭もそういうものだと思っていたが、やっぱり違うのだ。

特にいまの家庭は家に子どもの写真がない。

写真はお母さんやお父さんのスマホか、パソコンかクラウドの中にある。

私はこれは見過ごせない。ここを掘り出してお客様の心に届けないと！　と思った。

文化創造で年間300億円のマーケット

1章の冒頭で「文化」は消費量だと述べた。消費量を創造する。栃木県で創造する。サトーカメラはこれからどうやっていくか。

栃木県は人口約200万人で、約60万世帯が暮らしている。調査によると、1世帯で1年間に約1000枚写真を撮っている。つまり1年間に6億枚もの想い出がスマホやPCやカメラやクラウドのサーバーの中に入っている。

あの女の子をあれだけ泣かせた商品、感動してくれる商品が、消費量にならないまま毎年6億枚もの想い出が眠っている。この10年で考えたって60億枚にもなっている。これをビジネス的に捉えれば、そこにはドでかい金脈が眠っているということになる。

私がこの発想を得たきっかけがもう1つある。コンサルティングの仕事で携帯ショップを指導したときに、使わなくなった昔の携帯電話を捨てずに持っているユーザーが多いのを知ったことだ。それこそ、その女の子が産まれた2007年頃は、機種変更の際に古い端末を下取りする方式もなかったから、古いガラケーがいまもユーザーの家の引き出しに眠っている。

まさか10年前の古い携帯を持ってきて写真データを吸い出せるとは、その携帯ショップを指導するまで私は知らなかった。

それからサトーカメラでもそのシステムを導入して、「古い携帯電話お持ちください。写真をデータ化してあげますよ。プリントもしてあげますよ、家族アルバムを作りませんか」とキャンペーンを展開したら、驚くほどお客様が来た。「うわぁ、これこれ。こんなん撮った撮った！」とか、「これ生前のお爺ちゃんじゃない？　よく残ってたね！」とか言いながら喜んでプリントしてくださる。

先日も印象的なお客様がいらっしゃった。20代の若いご夫婦だ。付き合い始めの頃はまだガラケーの時代で、デートに行ったり、２人で旅行に行ったりしたときの写真をガラケーのカメラで撮っていた。その古い携帯を持って店に来て、全部で３０００枚か４０００枚、計20万円分くらいプリントを注文して家族アルバムを作ってくださった。

その写真プリント代は分割払いで、月々３０００円のローンを組んでくれたのだが、そのときの奥さんと旦那さんの会話が忘れられない。

「久しぶりにこんな高い買い物しちゃったね」

「これ以上の買い物はないいじゃん。いいんじゃないの」

私は、これが**お客様の想いとビジネスが一体化する**ということだと思った。

いくらお客様の想いがあっても、そこにビジネスが成立しなければ続けられない。お客様に喜んでもらいつつ、店側も儲かる仕組みが必要なのである。

HINT

目に見えるマーケットの奪い合いが大手ならば、目に見えない潜在的なマーケットを掘り起こすのが私たちの使命だ。

繁盛法則

05

文化性価値で差をつけろ！中小は文化創造企業を目指せ！

これからの繁盛は「文化性価値」で作れ！

地域の中小店のこれからの繁盛を考えるうえでは、「文化性価値」が外せない。

小売に限らず、今後、世の中に対して産業が提供するのは、**「経済合理性価値」「社会性価値」「文化性価値」**の3つがある。

経済合理性価値はローコストオペレーション、一定品質、利便性など。社会性価値はエコ、フェアネス（公正性）、いまならダイバーシティ（多様性）など。文化性価値は美術や音楽や文学や哲学などの芸術的表現や思想などである。

私たちのような中小の店舗は1つだけで他社に抜きん出ようとしてはいけない。経済合理性価値は大手チェーンの独壇場だ。

この本では単品突破力によって自店の商圏内で大手をしのぐ商売をする方法を紹介してきた。社会性価値は客層を絞らず、すべての顧客と一体化していくこと、また文化性価値は商売に芸術の匂いを付加することが、それぞれの実践になる。

図5 中小店は三位一体の価値で勝負しろ！

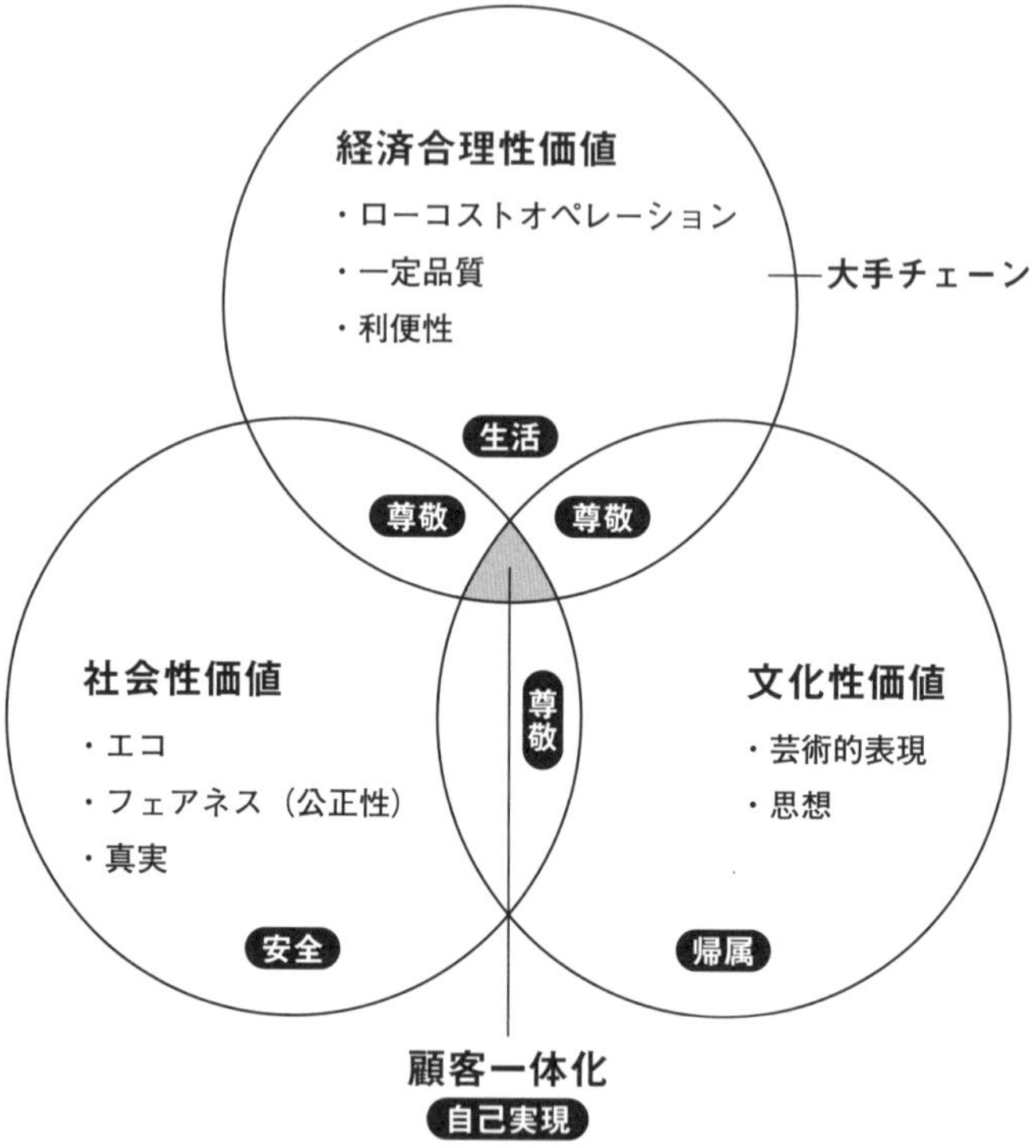

中小の店舗ビジネスは、上記のどれか１つだけ抜きん出ていても繁盛しない。
大手チェーンにはない社会性・文化性価値も地域のお客様に提供していこう。

私はいつも思うのだが、人間は結局、基本の生理的欲求が満たされた後は芸術や思想など、広い意味での文化を求める生き物なのではないか。

いい例がヨーロッパやアメリカだ。あちらの社会では美術・音楽が一番の尊敬の対象で、次がスポーツ、その次が学問だ。いっぽう日本は、美術や音楽などの芸術・芸能関係は横において、学問が一番上とされてきた。一番偉いのは学問ができるやつ、体が強くて運動と労働ができるやつがその次、最後に芸術・芸能のような感じだった。

しかし、技術が進んで情報化社会になったいまは「頭がいい」という基準での「知識がある」ということは、昔ほど魅力を持たなくなっている。その代わりに、人間も産業も、文化性ないし芸術性の面で差がつくようになってきた。

1章3項でポルシェとカローラを比較した話をしたことを思い出そう。カローラでは役不足だからレクサスにするとして、同じ値段なら速くて乗りやすいレクサスよりもポルシェのほうを欲しいとみんなが言うのは、ポルシェに文化性価値を感じているからなのである。

同じく文化性価値で成功したのがスターバックスだ。昔は喫茶店で働くというのはあまり自慢できるようなことではなかったが、彼らの衣装を変えて、内装をオシャレに変えて、音楽も古臭いクラシックからジャズっぽいものに変えて、壁には気の利いた絵や写真を飾って、というふうに芸術的な匂いを漂わせた結果、いまのようになった。

私は20数年前アメリカでその光景を見て、「なるほど、これからは芸術性を匂わせた雰囲気を、店とスタッフに醸し出せたら勝つな」と直感した。

日本の大手チェーンは旧型の仕組みで完成してしまっているせいで、まだ経済合理性価値と社会性価値だけの追求で、プラスアルファの文化性価値をうまく融合できていない。私たち中小店はそのあいだに文化性価値をどんどん取り入れて、それぞれの地域で繁盛していこう。

文化啓蒙じゃない、文化創造だ！

商売に文化性価値を取り入れようと思ったときに、サトーカメラの場合はどうやったか。これもよく聞かれることだ。

私たちは商品である写真そのものが芸術なので、これをもういっぺんしっかり打ち出していった。具体的にはたとえば、フォトコンテストを毎月のように頻繁に開催した。

また、「写真を飾る、贈る、残す」という文化的要素を復活させることに力を注いだ。フイルムからデジカメに移行したときもそうだったが、前項でもお伝えしたように、特にスマホが普及してからは、写真はスマホなどの端末画面で鑑賞するものになっている。それをもういっぺん、現像してプリントで飾って見てもらうよう、地域の人々の習慣を変えていったのである。


サトーカメラの大義は、地域の人々に「想い出をキレイに一生残してもらう」ことだが、残したくても残し方がわからない人たちもたくさんいる。一般の人たちは「画像データ」と言われても、「え?」となる。「メディアに落として持ってくる」ということがどういうことかもわからない。他にもいろいろな理由でなんとなく撮りっぱなしの写真が地域には何億枚も眠っているのだ。

私たちはそのレベルからフォローすることで、少しずつ写真プリント文化を復活させている。同時に現像技術にもこだわり、1枚1枚の品質をとことん追求した。これが地域で最初にサトーカメラが愛された理由でもある。

「ピカソの絵をスマホの画像でもらってもうれしくはない。複製でもいいからちゃんと印刷して額に入れたものを壁に貼って鑑賞したい」――そう思うようになることが芸術性に目覚めることだと思う。

日本はいままで社会全体で経済合理性価値ばかりを優先してきた。自動車の排気ガスで空気が汚れても、工場排水で川や海が汚染されても向き合わなかった。その後、公害の問題が出てきて社会性価値が意識されるようになり、それが社会全体で普通になり、いまは流れが文化性や芸術性のほうに移っている。

これは業界の流行りとか一時のブームではなく社会全体の流れだ。流れはこれからもっと大きく、強くなると思う。

そのときに地域の中小店は何をやっていかなければいけないか。それこそ「文化を創造」することであり、**「文化創造企業」**になることなのだ。

残念なのは、最初に小売業界がこのことを意識するようになって「文化をどう取り入れるか」を模索したときに、文化の「啓蒙」が先に世に出てしまったことだ。

コンサルティングやマーケティングのエリートたちが、下々に文化を啓蒙してあげますよ、という「上から目線」の姿勢で展開したから、一部の商業者の自己満足で終わってしまった。芸術性やデザイン性は定量評価ができないから古い経営者が馬鹿にしてしまい、それで広まらなかったという事情もある。

結果、残ったのは、「文化は金にならん」という認識だ。しかし、これは間違いだ。問題は、多くの経営者がいまだにその間違った認識にからめとられて、本来の力を発揮できていないことだ。

だから、私のいまの目標は、この「経済合理性価値」「社会性価値」「文化性価値」の3つを融合させた戦略を編み出すことである。そして、啓蒙ではなく文化を創造してみせることである。「顧客一体化戦略」はその先駆けなのである。

ビジネスに芸術性をどうやってかませるか

ただ、そうは言っても大抵の人は、「ビジネスに芸術性をかませるって何をすればいいの？」と思うだろう。「人それぞれのセンスでしょ？　じゃあセンスのない経営者の会社はダメじゃん」と。

大丈夫だ。わかりやすく説明しよう。

日本という国は、たとえば飲食店で料理人がいると、大抵はその料理人が経営者の仕事も、さらにはメニューから値決め、皿から箸1本にいたるまで、全部プロデュースしているのが普通だ。だから申し訳ないけれどもとてもダサい。自己流のセンスでやっているからだ。

それに比べて欧米は小さな店でもみんなおしゃれだ。それは、料理は料理人、マネジメントは店長、スポンサードするオーナーが別にいて、さらにトータルプロデュースはアートディレクター、この4人で1つの店を運営している。店内のセンス的なディレクションはすべてアートディレクターがしているからスプーン1本までおしゃれになる。

つまり、「ビジネスに芸術の匂いを付加する」第一歩は、アートディレクター的な存在をちゃんと雇って、その人に責任を持って文化性価値の領域を担当させることである。

私が地元の美術系専門学校（「宇都宮メディア・アーツ専門学校」）で講師を続けている

のもこの考え方と関連している。

以前はサトーカメラも他の小売店と同じように、普通高校の卒業生や、大学の経済学部卒の人材の採用が多かった。

しかし正直、私の理解では、経済学部は最も突出したものを持っていない学生が集まる学部だと思っている。だったら美術系の学校を出た人材を採って、その人に商売を教えたほうが早い。

また、他の人材を教えるときにも、芸術的センスを経営者が教えるのは無理がある。やはり、芸術を教えられるのは芸術寄りの人間だ。サトーカメラも、各店舗に美術系の専門学校か大学を卒業した人材を少しずつだが配置して成功している。

個性が感じられる自由な接客も文化

私が採用に関してこの発想を持ったのは、アメリカの「トレーダージョーズ」というスーパーマーケット・チェーンを視察するようになったのがきっかけだった。

全部で400店舗くらいある店で、店内に入ると手書きPOPからしてすごい。美術のセンスがあふれている。

というのも、1店舗に絶対1人はデザイン学校を卒業した人間を置いて、ＰＯＰなどは全部彼らに描かせているのである。90％以上の商品がプライベートブランドであり、店頭告知ＰＯＰやポスター、店内誘導看板を含めた店全体がアートを感じる仕立てになっている。店のスタッフもヒゲ、タトゥー、ピアスは当たり前。そうやって店全体を「自由で面白い場所」「ドキドキする場所」にしている。

一方で、日本はどうだろう。

店内は什器にいたるまですべて標準化し、棚も画一的で面白味がない。スタッフも服装や接客を厳しいルールで規定し、個性を抑圧して従わせている。

野球にたとえるなら、伝統球団の読売ジャイアンツやニューヨーク・ヤンキースなのだろう。選手のヒゲは禁止、移動時の服装は必ずスーツと厳格だ。その反対がロサンゼルス・ドジャースや東海岸ならボストン・レッドソックスだ。両チームともヒゲ、ドレッド、タトゥー何でもありで、選手が自由を謳歌している。観客はそれも含めて見ているだけでも面白い。

日本の小売業者は、読売ジャイアンツやニューヨーク・ヤンキース的な文化を好む。しかし、それは、これらの球団のような伝統を重んじるのではなく、軍隊系か体育会系の教育であり、管理のしやすさによるものだと思う。

だが、地域のお客様のほうはドジャース的な文化を好む人が圧倒的に多い。我々のような中小の小売店はこの点をわかっておかないといけない。

お客様は自由な雰囲気の中で買い物を楽しみたい。店の都合でルールに縛りつけられたスタッフの接客よりも、その人の個性が感じられる自由な接客をお客様は喜ぶのである。

店づくりも、**個性的で面白い店が、結局はお客様に長く愛される**。

そういった意味でも、これからは「芸術」「文化」「自由」のセンスをあなたの店に持ってきてくれる人材が貴重なのである。

HINT

敷居を上げてお客様を突き放すのではなく、いかに敷居を下げてお客様に近づくかが、これからの繁盛の道だ。

繁盛法則
06

繁盛のつくり方に近道はない。同族経営で繁盛を生み出し続けろ！

繁盛は同族企業が作る

大手の上場企業には必要なく、中小の事業者には必須の要素だ。

それは家族である。

私は中小の店舗こそ同族経営にこだわるべきだと考える。地域に文化を創るのは、新たなマーケットを店発で地域に育てる一大事業だ。一足飛びにはいかない。

事業は長期戦だ。当然時間がかかる。10年、20年、いや30年、50年かかるかもしれない。そもそも「これは大切だからやるんだ、地域のために絶対必要だからやるんだ」と思って始めるのは自分であって、誰かから成功を保証されたからやるのではない（もし保証してくれる人がいれば、そいつはあなた以外にも声をかけているはずだ）。

それなのに、上場や吸収合併で事業を他人に任せてしまったら（資本家への憧れが抜けなければそうするに違いない）、株価が上がりしだい、さっさと売り払われるか、手っ取り早く儲かるビジネスに事業替えされるか、どちらかになるのは目に見えている。

文化の創造というのは、世界中のどこを見ても同族企業にしかできないのだ。

家族を巻き込む肚をくくれ。息子や娘・娘婿に事業を継がせる覚悟を決めろ。その覚悟が本物なら彼らはあなたの姿を見てきっと成長する。

あなたの店の繁盛は、そのとき始まるのだ。

ちなみに、私たちサトーカメラの同族経営は三世帯経営。「父・母」「兄・義姉」「私・妻」「妹・義弟」「息子・娘」「甥っ子2人」の12人が壮大な事業目的に徹している。

いずれにしても一番大事なのは、あなた自身が自分の事業にプライドを持っていることである。

これからの時代は特に、手っ取り早くすぐ儲かる方法は、手っ取り早くすぐ終わる。繁盛のつくり方に近道はない。その覚悟で、本書の内容を実行してくれることを祈る。

HINT

同族企業にしかできない商売がある。何十年もかけて地域に文化を創造していくのは、地域を愛していないとできないことだ。

おわりに

両親が営んでいた家業のサトーカメラを兄弟で受け継ぎ、カメラ専門チェーンという今のスタイルを始めて、おかげさまで今年30年になります。

この30年を振り返ると、1988年当初は、私が23歳、兄が25歳。なぜ、今さらカメラ専門店？　という状況でのスタートでした。実際、カメラ業界でも最後発組で、それこそ全国で3万店目くらいだったと思います。

それをたった10年で栃木県内カメラ販売シェア80％という日本初の異常値を叩き出し、地方の栃木県にエリアを絞りながらも、一気にカメラ業界全国売上ベスト10位ランクインという偉業を成し遂げました。

その勢いで20年目に向かって突入すると、2000年代に入り、デジタルの大波が押し寄せました。フイルムを買って、写真を撮ったら現像するという一連のビジネスモデルや、それまでの商品が一気に減少。競合が、カメラ店から家電量販店へと移り変わりました。

さらに30年目に向かって突入した2008年以降は、スマホの登場でコンパクトデジカメやビデオカメラのマーケットが一気に減少しています。

この30年、安定したマーケットでビジネスを展開したことは一度もありません。その時流の荒波の中で、右も左もわからない頃から30年も川下で商売をしていれば、私たちだってそれなりに賢くなるし、状況判断も直観も鋭くなります。身体的・精神的にも強くなることで、目の前のことから逃げないことを覚えました。

それが独特なスタイルと捉えられ、全国各地でも評価されるようになりました。

この業界にいる限り、荒波の中での奮闘は40年、50年とまだまだ続きますが、私たちは地域の人々の「想い出をキレイに一生残すために」という企業理念を持ち、そこに事業価値を見出しています。メーカーの言いなりのような売り方ではなく、マーケットは自らの手で創るものと心得、これからも逃げる気はありません。

いまは、両親、兄夫婦、妻・息子・娘、妹夫婦、甥っ子2人の三世代で、この事業価値を徹底して追求しています。経営幹部十数名も二刀流コンサルタントに育て上げ、アソシエイト150名を育成しながら県内17店、中国の北京と上海に2支社・ボランタリーチェーン100店を展開。これからも中国・インド・東南アジア諸国へと国境・民族・人種を越え、「地域に愛される店」「お客様に愛されるアソシエイト」を目指していきます。本質的な欲求を正しくつかみ、「個」を尊重する骨太な育成で、能動的に動く現場をクリエイトしていこうという想いはますます強まるばかりです。

最後まで読んでくださり、本当にありがとうございます。

サトカメ流の接客術については、サトーカメラ宇都宮本店店長・日本販売促進研究所シニアコンサルタント竹原賢治の『「こうやって売ればいいんだよ！」』（同文舘出版）、サトーカメラ常務取締役・シニアコンサルタント豊島定生の『販売員が壁にぶつかったら読む本』（同文舘出版）で詳しく紹介していますので、参考にしてみてください。

最後に、サトーカメラ日本の佐藤勝男会長（父）・佐藤幸副会長（母）、佐藤千秋社長（兄）をはじめ、サトーカメラ中国の想道美留（上海）有限公司の佐藤勇士社長（息子）、陳彭齢副社長、そして日本販売促進研究所の佐藤則子社長（妻）と、アソシエイトのみんなの協力と実践によって、栃木の小さな会社でも日本・アジア・世界に影響を与えていることに誇りを持っています。これからの20年が本番です。お互いに頑張りましょう。ヨロシク。

●佐藤勝人講演・セミナー・個別支援の依頼や問い合わせ
メール：post@satocame.com

●ブログ「佐藤勝人の経営一刀両断」
http：/satokatsuhito.com/

●日本販売促進研究所
http://jspl.co.jp/

●サトーカメラ株式会社
http://www.satocame.com/

●公開コンサルティング「勝人塾」
http://khjk.jp

- ほっかいどう勝人塾IN札幌（事務局：本田健仁）
- とうほく勝人塾IN八戸（事務局：やまはる）
- とちぎ勝人塾IN宇都宮（事務局：栃木県商業界同友会）
- とうきょう勝人塾IN渋谷（事務局：Bプラス）
- にいがた勝人塾IN巻（事務局：おぐま式POP塾）
- とやま勝人塾IN黒部（事務局：フォトサロンドン）
- なごや勝人塾IN名古屋（事務局：メイクオーヴァ）
- ぎふ勝人塾IN岐阜（事務局：メイクオーヴァ）
- ぎふPIO勝人塾IN郡上大和（事務局：郡上商業開発）
- なら勝人塾IN奈良（事務局：HMM-JAPAN）
- おおさか勝人塾IN大阪
（事務局：経営コンサルティングアソシエーション）
- わかやま勝人塾IN紀伊田辺（事務局：藤原農機）
- おかやま勝人塾IN岡山（事務局：プログレス）
- やまぐち勝人塾IN山口（事務局：プログレス）
- ふくおか勝人塾IN博多（事務局：プログレス）
- みやざき勝人塾IN西都（事務局：西都商工会議所）

※各地の開催日及び詳細は各Facebookイベントページにて

著者略歴

佐藤勝人（さとう　かつひと）

日本販売促進研究所 経営コンサルタント、サトーカメラ株式会社 代表取締役専務、想道美留（上海）有限公司 チーフコンサルタント、作新学院大学 客員教授、宇都宮メディアアーツ専門学校 特別講師

1964年、栃木県宇都宮市生まれ。1988年、23歳で家業のカメラ店を地域密着型のカメラ専門店チェーンに業態を変え、社員ゼロから兄弟でスタート。「想い出をキレイに一生残すために」という企業理念のもと、栃木県エリアに出店を絞り込み、専門分野に集中特化することで、大手チェーンに負けない独自の経営スタイルを確立。県内に17店舗、アソシエイト150人、リピート率80%超という驚異の数字を叩き出す。2015年、大手カメラメーカーと業務提携し、中国のカメラ業界の発展を見据えた店舗運営や人材育成、経営のコンサルティングに携わっている。

また、実践派経営コンサルタントとして、全国16カ所で少人数制グループ勉強会「勝人塾」を主宰。日本・アメリカ・中国・アジアで年間200回、1万人を超えるセミナー・講演を行なっている。実務家と経営コンサルタントの二足のわらじを履いた実践派の繁盛ノウハウは、企業の規模・業態・業種を問わず評価を得ている。

著書に『断トツに勝つ人の地域一番化戦略』（商業界）、『日本でいちばん楽しそうな社員たち』（アスコム）、『売れない時代は「チラシ」で売れ！』（同文舘出版）などがある。月刊「商業界」にて「ニッポン勝人塾　日々のニュースから商人は学べ！」を好評連載中。

モノが売れない時代の「繁盛」のつくり方
――新しいマーケットを生み出す「顧客一体化戦略」

平成30年3月16日　初版発行

著　者 ―― 佐藤勝人

発行者 ―― 中島治久

発行所 ―― 同文舘出版株式会社

東京都千代田区神田神保町1-41　〒101-0051
電話　営業03（3294）1801　編集03（3294）1802
振替 00100-8-42935
http://www.dobunkan.co.jp/

ISBN978-4-495-53961-0

印刷／製本：三美印刷

Printed in Japan 2018